日本語教師のための異文化理解とコミュニケーションスキル

八代京子
世良時子 著
小道迷子 画

三修社

はじめに

日本語教師の日常は常に異文化コミュニケーション、つまり、異なった文化的背景を持つ人たちとの関わりの中にあります。日本国内で働く場合は、世界中から様々な母語と文化背景を持った人たちを相手に日本語を教えます。海外の場合は、学習者を含めた異文化の中へ自分が飛び込んでいくことになります。日本語教育の現場は、従来の「教室」というイメージだけでは語れないほど多様化しています。出身地だけでなく、年齢、性別、職業、生活に関わる全ての背景が異なった文化の要素になってきます。

多様な人々が集まると、楽しい発見もあるでしょうが、衝突や負の感情を引き起こすこともあります。では、コミュニケーションがうまくいかないとき、どう対処していくのがいいのか、どう受け止めていけばいいのか。これらは、多くの日本語教師が直面する悩みなのではないでしょうか。

また、言語はその文化的背景と切り離すことはできません。学習者にとって日本語を学ぶということは、同時に、日本語の持つ文化に接し、それを学ぶことです。ですから、日本国外で非母語話者の教師が教えたとしても、日本語教育は常に「異文化」と密接な関係を持っていると言えるでしょう。たとえば、「土曜日に映画を見に行きませんか」と誘われたとき、「土曜日はちょっと…」と断るような表現は日本語の教科書に頻繁に登場します。しかし、なぜそういう表現が用いられるのか、文化的背景を抜きにしては語れません。つまり、新しい言語を学ぶ・教えることは、異なる文化を学ぶ・教えることであり、多様な文化へ目を開くことであると言えます。

では、このような状況にある日本語教師にとって、どのようなコミュニケーションスキルが必要でしょうか。本書はそれらを学ぶのに必要なコミュニケーションや異文化理解の態度から始まり、異文化だけではなく自文化にも気づくための知識やコミュニケーションスキルの紹介、それを身につけるためのエクササイズなどから成っています。また、本書では様々な事例を紹介する際に、マンガという手法を用いました。マンガによって、まだ現場に立っていない方にもより具体的なイメージを持って読んでいただけることでしょう。

これから日本語教師を目指す方にも、すでに日本語教師として活躍されている方にも有益なものとなれば幸いです。

日本語教師のための異文化理解とコミュニケーションスキル　目次

第三章　コミュニケーション・スタイルを決めるもの

第四章　自分をふりかえる

第五章　言語コミュニケーションの違い

第六章　非言語コミュニケーションの違い

第七章　異文化コミュニケーションスキル

第一章

異文化摩擦

1. 異文化摩擦が起こるとき

遅刻、その時。

右のマンガは異文化摩擦の一例です。

①教師はなぜ不愉快そうに顔をしかめ、批判的なまなざしを送ったのでしょうか。
②遅れてきた中国人学生はなぜ悪びれた様子でなかったのでしょうか。

日本人であれば、①はなんの疑問もなく理解できます。日本人教師がほしかった一言は「遅れてすみません」という謝罪の言葉です。言葉がなくても、せめてすまなそうな態度を示してほしい。理由が何であれ、授業開始時間に遅れ、迷惑をかけたのは学生ですから、まず謝るのが常識だという認識です。この日本語教師にとって、①は常識で、②は非常識ということになります。一方で、この中国人学生は謝罪する必要を感じていません。なぜなら、遅れたのはバスが渋滞で時間通りに運行しなかったからで、自分に非はないと認識しているからです。中国人学生にとっては②は常識なのです。

異文化摩擦は、このようにお互いが常識と認識していることのずれから始まります。このような状況で教師が「遅れたんだから謝りなさい」と強要すると相手は理不尽な人だと反発するでしょう。たとえ、しぶしぶ「ごめんなさい」と言っても、気持ちは逆になってしまう可能性が大です。一方、教師のほうでも不快感を味わい、「常識がない」と感じ、このような経験が度重なると、「中国人学生は謝らない、非を認めない、責任感がない」とステレオタイプなイメージを抱いてしまいかねません。こうなると、異文化間の誤解が増幅して、理解が遠のいてしまいます。

では、こうした日本人の常識では理解できないようなことに出くわしたとき、私たちはどのように対処したらいいでしょうか。次の節で、このケースの場合について考えてみましょう。

2. 文化相対主義的な対応

A

B

これはほんの一例で、どちらが正しい、ということではありません。クラスのサイズや日本語レベル、学生の性格、その他もろもろの変数が関わっているので、簡単に答えは出ませんし、いろいろな対応があっていいでしょう。Aのように、相手国の文化を理解し、自身の文化との違いを認識することは余分なストレスの軽減になることは確かです。この地球上には絶対的に正しいやり方を独占する文化はなく、それぞれの文化は帰属する集団において妥当なものであるという考え方を文化相対主義といいます。特定の文化に同化することを強要するのではなく、それぞれの文化を尊重することに主眼を置いています。多文化共生を目指す考え方です。

しかし相手の文化を尊重するだけでいいのでしょうか？日本語を学ぶ学生達は将来日本人と一緒に仕事をするわけです。そのとき、このような言動は普通許されません。そのことも教えておきたい。実際、日本語教師は言葉だけに限定して教えていればいいのだと考える人は少ないでしょう。日本人とコミュニケーションができるようになることが目標ならば、Bのように言葉を文化習慣の文脈の中で教えることも必要なことです。

それでは、日本の文化習慣、礼儀作法などをどの程度教えるべきなのでしょうか。また、どこまで、日本の文化習慣に適応することを学生に求めていいのでしょうか。多くの疑問がわきあがります。相手の文化を尊重しながら、日本語と日本文化を教えていくにはどのようにコミュニケーションをとっていくのが効果的なのでしょうか。

3. コミュニケーションの要点

私のものはあなたのもの…？

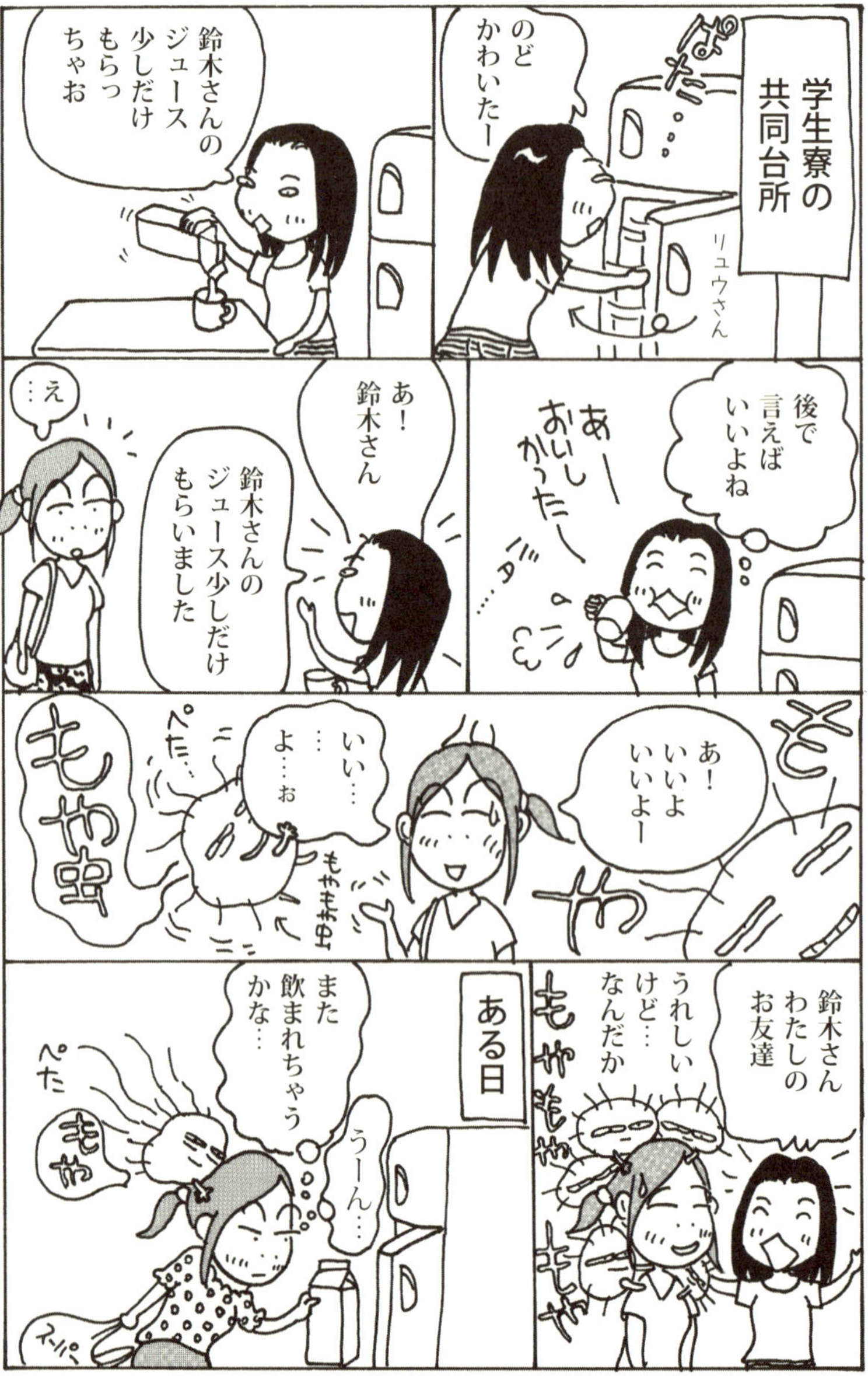

セルフチェック

このようなとき、あなただったらどのようにリュウさんに自分の気持ちを伝えますか。次のポイントを考えながら自分だったらどのように伝えるか、考えてみてください。

- **リュウさんとは友達である。**
- **リュウさんは断りなく飲んだ。**
- **勝手に人のものを飲むことは日本では一般的ではない。**

異文化に接したときのコミュニケーションのポイントは次の２つです。

●価値判断を含めない。

●判断を保留して、コミュニケーションをする。

この２つのポイントを意識しながら、あなたが考えた言葉を振り返ってみましょう。

1. 価値判断を含めない

文化的な違いを説明するときは、できるだけ価値判断を含めないで、一般的な言動の描写を提供することが大切です。礼儀正しいとか失礼だとか、責任感があるとかないとか、権威主義的だとか平等主義的だとか、非常識だとかの価値判断を下すのではなく、その場面状況ではどのような言動が一般的であり、多くの人々に受け入れられているのかという事実を伝えることに重点を置きます。価値判断は事実を十分に把握した後で各自が自ら下せばいいのです。

2. 判断を保留して、コミュニケーションする

まず、相手を理解しようと努力する態度が大切です。私は教える人、あなたは学ぶ人である前に人間として相手を対等に受け止めましょう。あなたも私も共に学ぶということです。そのためには、相手の言動が理解できない場合は、価値判断を保留して、事実と正確な情報を求めましょう。

これには意識的な努力が必要です。

あなたの回答はいかがでしたか。最後に、右の２つのポイントをふまえた回答例を挙げておきましょう。

セルフチェックの回答例

「リュウさん、友達だからいいと思ったあなたの気持ちは分かるけれど、日本では友達の仲でもこのようなときは一言断ってから、飲むんですよ。日本ではよく親しい仲にも礼儀ありと言うんです。」

コミュニケーションスキルは、異文化理解、すなわち、異なる文化とそこに生活する人々への深い思いと正確な知識に根ざしていなければなりません。それを本書で学びましょう。第二章では、異文化理解とはどういうことかについて詳しく説明します。

ぺた
もわ
スーパー

第二章

異文化理解とは

1. 「非常識」は「新しい常識」ととらえなおす

それぞれの文化で何が常識と考えられているかということにはかなりの隔たりがあります。自分にとっての常識はどんなことでしょうか。次のセルフチェックでまずは確認してみましょう。

セルフチェック

1. 人に何かしてもらいたいときは、贈り物を持っていって、今後よろしくと言う。

a. 常識である　b. 常識でない　c. どちらともいえない

2. 友達の消しゴムを使うときは、相手に表情で伝えて、消しゴムを使う。わざわざ口に出して許可を得ない。

a. 常識である　b. 常識でない　c. どちらともいえない

3．授業のとき、教師は5分前に教室に入る。

a．常識である　b．常識でない　c．どちらともいえない

いかがだったでしょうか？この回答はどれが正解ということではなく、個人によって、また文化によって異なってくるものです。ちなみに中国ではこれらはすべて常識とされています。

私達は普段、自文化のルールに従って生活していて、他の文化には異なるルールがあるのだろうと漠然と想像しながらも、それはあまり実感を伴うものではありません。また、自文化のルールも長年の間に深く浸透し、無意識化してしまっていることが多く、異なる文化の異なるルールに直面すると戸惑ってしまい、それを「非常識！」と認定しがちです。しかし、その異なる文化ではそれは「常識」であったりするのです。**あなたにとっての「常識」と異なる他人の「常識」を、「非常識」ではなく、「新常識」というふうにとらえなおすことが異文化理解の第一歩です。**

常識とはある文化集団が大切にしているルールです。人間は集団を作り、互いに助け合って生活しています。その集団を維持し、まとめていくには成員が守らなければならない規則があり、

長い歴史の中でそれらのルールは複雑化し、そのルールに基いた行動は、習慣や豊かな文化を築きあげてきたといえます。

常識とは言葉を変えれば、その文化集団が大切にしている価値観で最も共有されている部分です。しかし、どの文化集団でも価値観には幅があります。「常識」といわれるものは共有度の高いものですが、たとえば「礼儀正しい」という価値観は人によってかなり幅があります。非常に礼儀正しい人から、かなりアバウトな人までいます。どの文化集団においてもこれは見られる現象で、個人差があることを忘れてはなりません。

遅刻の原因はバス
悪いのはバス
わたしのせい
じゃない
ぶー

2. ステレオタイプ化しない

イスラム教徒と居酒屋 1

先入観を持たないことは大切だとよく言われます。相手の文化に対して前もって知識を習得しておくことが事前の思い込みにつながり、異文化理解の妨げになると感じている人もいるでしょう。確かに事前の思い込みは現実を正しく把握することに影響を与えます。しかし、私達は特定の文化に対して知識がないと思っていても、すでに日常の中で習得した何らかの思い込みを持っています。白紙の状態の人はいません。それよりも大切なのは、相手の文化に対してできるだけ多くの知識を得た上で、同時に、自分の知識がごく限られたものであり、一般化されたものであり、現実に自分が遭遇するものとは異なる可能性があることを十分に認識することです。この認識がないと、自分の得た限られた情報を普遍化しすぎて「ステレオタイプ」を形成してしまいます。たとえば、「中国人は謝らない」という思い込みから、状況、条件、個人の性格などを無視した解釈をしてしまうのです。

「イスラム教徒と居酒屋」のマンガでは、イスラム教徒はお酒はタブー↓居酒屋はお酒を飲むところ↓イスラム教徒は誘えない、という思い込みから1人だけ仲間はずれにした形になってしまいました。「イスラム教徒は誘えない」という結論を出す前に、率直に彼に打診してみる、ということをしてもよかったかもしれません。

イスラム教徒と居酒屋 2

ステレオタイプ化の落とし穴を避けるためには、まず、判断を保留して、客観的に事実を把握しようと試み、それぞれ可能な意味解釈を試み、結論を保留することです。そして、できるだけ正確な解釈をするために、さらに情報を収集する努力を惜しまないこと。本人に直接聞くのもいいのですが、それができない場合は、先輩や関係者からの意見やアドバイスを求めましょう。せっかちに間違った結論を出すよりも、急がば回れで、このような配慮ある行動をとることのほうが異文化理解に役立ちます。

落とし穴に落ちないために

●知識を得る　事前にできるだけ多くの情報を得ておく

●判断保留　1．自分も相手も共有できる客観的な事実を把握しようと努力する
2．事実の解釈を複数試みる
3．解釈に対するアドバイスを得る／相手に確かめる、先輩に聞く

●仮の結論を出す　「こうなのかもしれない」という仮の結論にとどめ、断定はしない

3. 自分の文化、価値観を意識化する

セルフチェック

日本文化に含まれると思うものをチェックしてください。

□日本語　□日本料理　□国会議事堂　□協調性を重視すること

□満員電車　□富士山　□憲法九条　□神道

□マンガ　□Ｊポップ　□お辞儀　□和製英語

ここで文化とは何か、ということを考えてみましょう。日本語は疑いもなく日本文化の代表格です。しかし、文化は言葉だけではありません。もっと多くのものを含みます。あなたは教師として日本語以外にどのような日本文化を学生に伝えたいと思っていますか。ちょっと考えてみま

しょう。どんなことが思い浮かびますか。ちなみに、セルフチェックで挙げた項目はすべて日本文化に含まれます。

文化を定義するのは難しいことですが、文化を島にたとえて説明すると理解しやすいでしょう（p32イラスト1参照）。島Ａと島Ｂの水面の上に出ている部分は、見えるのですぐ違いが分かります。例えば、東京からインドネシアに行くと、目に入ってくる道路や建物の大きさ、形、デザインなどの違いに気付きます。また、聞こえてくる言葉、話している人々の表情や身振り手振りも違うでしょう。着ているもの、食べている料理も異なる。これらは、水面上にあるものです。

水面下にある部分は一見しても分かりません。たとえば、「なぜ人々は頻繁に祈りのための時間をとるのだろう。また、店員も道行く人々もとてもゆっくりと対応する。なぜだろう。」それは、これらの人々がイスラム教の信者であり、イスラムの教えを毎日の生活の中で忠実に実行しようとしているからかもしれません。イスラムの教えは一見しただけでは分かりません。教典を読んだり、信者から説明を受けなければ、どういう意味なのか分かりません。このような、宗教、価値観、行動規範、「常識」などは水面下にあるけれども、水面上にあるものの土台となっており、文化的には大きくて重要な部分です。そして、異文化衝突がいちばん生じるのもこの部分においてです。

さらに、その下に島々をつなげている部分があります。それは、人類として共有している部分です。全人類にとって大切なもの、きれいな空気と水を維持すること、戦争のない平和な社会、家庭を築き子供を育てていくこと、互いにコミュニケーションをとり、信頼し、協力しあうことができるようにすることなどです。この部分はたとえ異なる文化背景にある者同士でも共通して持っている部分であり、理解しあえる部分です。異文化に接するとき、このつながっている部分があることを忘れてはなりません。

文化は生得的なものではありません。日本社会に生まれ育ったからこそ日本文化の成員になるのであって、たとえ両親が日本人でも、生まれも育ちもアメリカだったら、たいていの場合その人はアメリカ文化の成員になります。つまり、文化はＤＮＡに記されているものではなく、生まれてから学び取るものです。私達は文化の中に生まれ落ち、文化の中で育っていくので、文化の重要な部分は深く浸透し、自文化の中で生活している限り、いろいろ意識しないようになります。だか

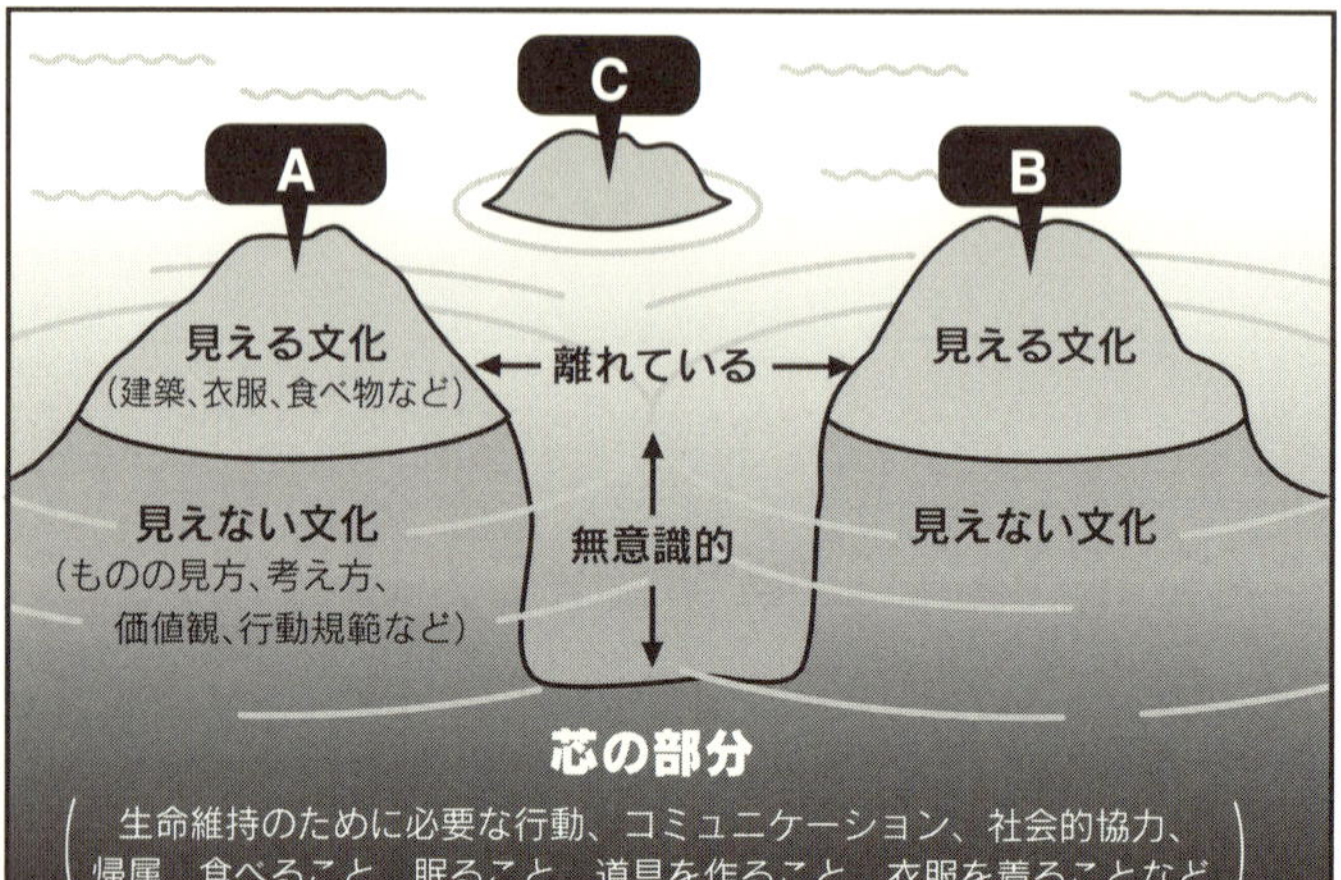
C
A
B
見える文化
（建築、衣服、食べ物など）
離れている
見える文化
見えない文化
（ものの見方、考え方、
価値観、行動規範など）
無意識的
見えない文化
芯の部分
生命維持のために必要な行動、コミュニケーション、社会的協力、
帰属、食べること、眠ること、道具を作ること、衣服を着ることなど

【イラスト1】

らこそ、異なる文化に遭遇したとき、初めて自文化を強く意識するのです。

文化の特徴

- **学習するものである**
- **伝承されるものである**
- **普段意識しないものである**
- **集団の成員によって共有されるものである**

ステップアップ

エクササイズ

あなたが大切にしている価値観を大切な順に10項目書き出してみましょう。

①

②

③

④

⑤

⑥

⑦

⑧

⑨

⑩

このエクササイズでは自分の価値観を意識化してもらいました。私達は日頃忙しさにかまけて、自分が何を大切にして生きているかあまり深く考えないのではないでしょうか。でも、異なる文化背景の人々と接すると、よく「なぜ?」という質問を受けます。そのようなとき、自分や周りの日本人の言動がどのような価値観に基いているのか意識化していないと説明することができません。

4. 考え方、感じ方、やり方を固守しない

異文化理解の態度は異文化に関する知識が豊富なだけでは育ちません。頭も大切ですが、心と体が異文化に開かれていることがもっと大切です。相手はあなたの気持ちや態度を敏感に察知します。異文化理解の態度がにじみ出ていると人は近づいてきます。人間は、理解してもらえると感じる人と自然にコミュニケーションしたくなります。

セルフチェック

以下の項目はあなたに当てはまりますか。

	▲当てはまる				当てはまらない▼
1. 即断即決する	□ 1	□ 2	□ 3	□ 4	□ 5
2. 正しいやり方は一つしかないと思う	□ 1	□ 2	□ 3	□ 4	□ 5
3. 相手の気持ちを大切にする	□ 1	□ 2	□ 3	□ 4	□ 5

4．早く結果を出したい　□1　□2　□3　□4　□5

5．いろんな意見はめんどうくさいと思う　□1　□2　□3　□4　□5

6．自分の失敗を許せる　□1　□2　□3　□4　□5

7．好奇心が強い　□1　□2　□3　□4　□5

8．聞き上手だ　□1　□2　□3　□4　□5

9．相手の考えを尊重する　□1　□2　□3　□4　□5

10．感情的になりやすい　□1　□2　□3　□4　□5

セルフチェックの見方

項目1、2、4、5、10の合計点が20点に近いほど異文化理解に適した資質です。
項目3、6、7、8、9の合計点が5点に近いほど異文化理解に適した資質です。

異文化理解に有利な資質を挙げてみましょう。

1. 未知のことに好奇心を持つ
2. オープンで柔軟な心と頭
3. 自分の感情をコントロールできる
4. 相手の立場に立って共感できる
5. 自分の失敗を許せる
6. あせらない、あわてない、あきらめない

人によって考え方、感じ方、やり方がいろいろあると考えている人は、自分の考え方、感じ方、やり方を固守しません。異文化と接するとき大切なのはこの態度です。正しい答えは一つしかないと考えるのではなく、いろいろあっていいのだと考える。これは相手に一方的に同調したり、同化したりすることとは明確に異なります。自分の考えをしっかり持ち、相手に分かるように説明できなければなりません。いろいろな理屈があるということを受け入れられるだけの頭、心、体を土台にして、しっかりとした自分の考えを持っていることが肝心です。

この幅があると相手の気持ち、感情に共感できるようになりますし、相手の考え方ややり方も受け止められるようになります。相手の立場に立って考え、感じることができます。反対に自分の考えを固守する人は相手が同意しないと自己防衛に走り、相手を攻撃したり、感情的な対応をしてしまいます。共感することと感情的になることは相反する情動です。

異文化間では誤解や失敗は付き物です。その度に自分を責めたり、相手を責めていては疲れてしまって前に進めません。失敗から学び、失敗を繰り返さないためには肯定的なエネルギーが必要です。笑いはそのようなエネルギーをもたらしてくれます。だから、自分の失敗を責め悔やむのにエネルギーを使い果たすのではなく、笑って前向きに進むことです。失敗は結果ではなく過程の段階で起きた一事に過ぎません。異文化理解は常に進行形の過程です。だから、あせらない、あわてない、あきらめないが基本です。

前節で文化の違いを説明しましたが、文化背景の異なる人の間で共通の意味を形成するために行う情報交換、感情や意志の伝達行為を異文化コミュニケーションと言います。異文化間では見える部分と見えない部分に違いがあるため、意味を共有することが困難であることは容易に想像できます。さらに、一章に挙げた例でも分かるように、異文化間では意図しないメッセージが伝わってしまうことがあります。外国人学生は失礼なことをする意図があったわけではありませんが、教師や日本人学生は失礼と感じてしまいました。

だからこそ、双方で共通の意味（理解）を形成することが大切になります。人にはそれぞれ個性があるので、同じ文化圏の人間であっても意味にずれが生じますが、これが異なる文化圏の人の場合は意味のずれがより大きくなります。文化背景の異なる人とコミュニケーションするときは、分からないことがあったら、勝手に判断を下す前に、率直な気持ちで相手に説明を求めること、また、その説明が理解できない場合はさらに説明を求めること。相手の善意を信じて問いかけ、相手の言いたいことを、心を傾けて、丁寧に聴くこと（傾聴）が異文化コミュニケーションのポイントです。

ステップアップ　エクササイズ

インドネシアからの留学生を食事に招待しました。学生はイスラム教徒なので豚肉を食べないことを知っていました。そこで、豚肉以外の料理が数多くある店に行きました。遠慮しないで好きな料理を注文するように言いましたが、学生は飲み物以外何も注文しませんでした。

どうしてだと思いますか。

この学生は敬虔なイスラム教徒で、豚肉が料理された調理器具で料理されたものも食べない人だったのです。このような人の場合、一般の料理店で食事をするのは困難です。たいていの場合、自分で料理するか、イスラム教徒が経営する店で食事をしています。食事に招待するときに、どのようなものが食べられないのか、どのようなところでなら食べられるのか詳しく聞く必要がありました。また、食事ではなく別の形で親睦を深める工夫をしてもよかったでしょう。

第三章

コミュニケーション・スタイルを決めるもの

明日、早いんですけど…

1. コンテキスト

ねえ山田さんちょっと飲みに行かない？
え？
う～ん明日は早いんだよな…
……
駅近くにオープンしたお店よさそうですよ
今ならオープン記念で生ビール一杯サービスです
でも…明日は早いんだよね……
2人で三千円以上だとさらに10％オフ
今日だけ
料理もおいしいそうです
ホント明日は早いんだ……
明日、君が早いのはもうわかったから行きますか？行きませんか？
…
用がないなら行きましょう
なんで…なんで…
レッツゴー

マンガのような意思のすれ違いは、日本人同士でも起こることですが、外国人との間では、より一層起こりやすくなります。それはどうしてでしょうか。マンガでは、「明日、早いから…」のところで、行けないことを察してもらおうとしています。この「察する」ということが、日本語に特徴的なコミュニケーション・スタイルだからなのです。

もう一つ例を挙げると、日本の会社で働く外国人から、社内で上司と自分の同僚が何を話しているか分からない、という悩みを聞いたことがあります。その内容というのは、

上司：今日の会議のあれ、よろしくね。
部下：はい、わかりました。

というようなやりとりです。

このように、状況から相手に伝えたいことを理解してもらうことを期待するようなコミュニケーション・スタイルが用いられているのです。これは、高コンテキスト・スタイルと呼ばれるものです。コンテキストとは、文脈と訳され、その発話の際の状況や背景知識などを指します。

このコミュニケーション・スタイルでは、何を言ったかよりも、どのような状況で言ったかが重視され、共有されている情報を用いて、伝えたいことを言葉にしなくても理解しあうことができるという前提に立ってコミュニケーションがなされています。

それに対して、低コンテキスト・スタイルでは、状況よりも何を言ったかが重視され、さらにその情報も言葉によって詳細に説明されることが期待されます。

日本を含めたアジアや、ヨーロッパの中でもギリシャなどは高コンテキストの文化だとされています。また、北米やドイツなどは低コンテキスト文化だとされています。しかし、これは個人差もありますし、同じ文化を共有する間柄でも、誤解が起こる可能性があります。

同じ文化の人同士でも誤解が起こる可能性があるのですから、異なった文化的背景を持つ人同士では、より一層、誤解が起こりかねません。自分のコミュニケーション・スタイルを知り、同時に相手がどのようなコミュニケーション・スタイルを使っているかを考えることによって、お互いの理解を助け、誤解を防ぐことができるでしょう。

2. あいづちとターン・テイキング

同意したんじゃなかったの？

日本語はあいづちや、会話の中でのやり取りが多いことが特徴だと言われています。身近な人と話をするような際は、あいづちも多く、また、相手の会話を引き継いだり、同調したりするような話し方が非常に多く用いられると言われています。

例えば、仲のいい友人同士で、映画を見た後の感想を話している場面では、

A子：いい映画だったねえ。
B子：うん、よかったねえ。
A子：特に…
B子：うん。
A子：最後の場面なんか…
B子：泣けたよねえ。
A子：うん、泣けた。音楽もいいしねえ。
B子：（声がそろって）いいしねえ。

というような話し方はよく用いられ、会話をともに構築し、同調していく方向に進めていくことが特徴です。そのため、「そうですか」や「そうですね」のようなあいづちのためのフレーズ

は日本語学習の初級の段階でも非常に重要なものです。

ところが、このような会話のターンの取り方は、文化が異なれば、スタイルが変わります。日本語学習者は、あいづちを打つタイミングがなかなか分からないという人も少なくありません。さらに、あいづちによって、話を邪魔される感じがするという人もいるようです。

また、マンガの事例のように日本語で「うん」や「はい」などを含むあいづちは、話を聞いているということを示している場合が多いのですが、意見に同意していると受け取ってしまう人もいるようです。

ターン・テイキングの違いは、あいづちだけではなく、意見表明のし方などの違いにも、表れます。例えば、日本では、会議などで意見を戦わせるような議論をするのは、まれです。多くの場合、相手のメンツに配慮した穏やかな話し合いをするのが一般的でしょう。また、話の流れに賛成である場合、「賛成だ」と表明するだけであったり、会議中、黙っていたりすることも日常的です。

ところが、たとえば欧米の企業では、自分の意見をしっかりと表明することが期待されます。仮に、ほとんど同じ意見を他の人が述べた後であっても、どのような点が同じで、どうして賛成なのかを述べることが会議に参加することであると考えられています。黙っていたり、単に「同意見だ」と言ったりするだけでは、会議に参加する者としての義務を果たせていないと考えられてしまうのです。

また、教室場面においても同様のことが言えます。質疑応答やディスカッションが日常的になされており、授業を止めてでも自分の主張をするべきだという文化を背景にする学習者もいます。それに対し、日本をはじめ、東アジアでは教師が一方的に話し、学生は聞くというクラス運営が一般的であるため、学習スタイルとしてもそのような態度を身に付けている場合が多いでしょう。そのため、授業中、「質問は？」と聞いても何も言わないのに、授業後に質問に来るような学生には東アジアの学生が多いようです。とは言っても、日本人の学生と中国や韓国からの留学生を比べると、留学生のほうがより活発に意見を述べるという傾向も見えます。

このようなターンの取り方は、その人の態度として受け取られてしまいます。外国語を学習する際、授業内では積極的に参加することが求められるでしょうが、教室外の社会においては、その言語において、どのようなスタイルが期待されているかを学ぶことが、必要なことだと言えるでしょう。

同時に教える側は、その学習者が円滑なコミュニケーションをとるために、何が必要か考えなければなりません。たとえば、日本の企業で働くような人には、あいづちの重要性や、日本人のターンの取り方についての知識など、学ぶ機会があったほうがいいでしょう。

ステップアップ　エクササイズ

1. 身近な人と話をするとき、相手はどのぐらいあいづちを打つでしょうか。数えてみましょう。
2. 電話などで話しているとき、途中で一度あいづちを打つのをやめてみましょう。自分はどう感じるでしょうか。また、相手はどのような反応をするでしょうか。

いかに無意識に多くのあいづちを打っているか、実感できましたか。日本語の中で、あいづちは、円滑なコミュニケーションに必要不可欠なものなのです。

へぇ
へぇ
うん

3. 自己開示

聞くばっかりでO.K.?

はじめまして スジャーラです
はじめまして ボランティアの山田です
スジャーラさん どちらの出身ですか?
インドです
いつ日本に来たんですか?
一年前です
お仕事は?
今は主婦です
日本の食べものはどうですか?
豆は好きだけど納豆はだめです
……
お寿司は食べたことあります?
いえ… わたしは…
え? お寿司だめ? おいしいのに
もやもやもや
わたしは… ベジタリアンなので…
あー インドではベジの人多いですよねー

人と話す場合、私たちは相手によって話題を選んでいるはずです。初対面の相手の場合、どのような話題が話しやすく、どのような話題が話しにくいでしょうか。また、これが、日本人同士の場合や、年上、年下の相手の場合、また、異性の場合、どのように変わるでしょうか。

自分のことを相手に話すことを自己開示と言います。マンガのように相手が外国人で、会話練習をするという状況では、いつもと違った自己開示があるかもしれませんが、マンガのように相手に質問するばかり、ということはよく起こりがちです。また、一般的に日本人は、自分の価値観や何をどう思っているかなどの個人的な意見を話さない傾向にあると言われています。自分の仕事や趣味など一般的な話題を好み、自分の内面に迫るような感情については、あまり話したがりません。また、自分のことを自分から話すというより、相手に問いかけること、問いかけられて初めて答えることのほうが多いでしょう。

日米の自己開示行動の調査では、パブリック・セルフ（公的自己：人に知られている自分）とプライベート・セルフ（私的自己：自分しか知らない自己）を比べると、日本人はアメリカ人よりパブリック・セルフが狭く、プライベート・セルフが広いという結果が示されています。また、アメリカと比べるだけでなく、アジアの他の国と比べても、近い結果が出るのではないでしょうか。

しかし、異文化を背景にする人同士の間では、自己開示は非常に重要です。多くの文化において自己開示は、積極的にコミュニケーションしたいという気持ちを相手に伝えるからです。はじめは難しいかもしれませんが、少なくとも、相手が自己開示した場合には、自分も思い切って、自分のことを話すようにしてみましょう。

ステップアップ エクササイズ

冒頭のマンガの状況で、あなたならどのような話題を話すでしょうか。左のトピックから考えてみましょう。

自己開示レベル

−
相手の政治信条について
相手の宗教について

相手の将来の夢について

相手の趣味について
相手の家族について
相手の日本での経験について

天気について
最近の景気について
0
面白いテレビ番組について

自分の趣味について
自分の仕事について
自分の家族について

自分の性格について
自分の失敗談
自分の収入などの経済的なことについて

自分の将来の夢について

政治的話題についての自分の意見
＋
自分の宗教的信条について

自己開示のレベルは、話題だけでなく、それぞれの話題についてどの程度深く話すかということとも関わってきます。ここで選んだ話題について、どの程度の深さで話をするでしょうか。また、相手が変わったら、話題やそれを話す深さはどう変わるでしょうか。

自己開示レベルは、高ければいいというものではなく、相手に合わせた適切な程度を考慮することが大切です。また、話題も、―（マイナス）だからよくないというのではありません。相手への関心を示し、同時に自分のことを伝えるというやりとりがコミュニケーションなのです。

悩める面接官

山田裕司さんの場合
はい
はい
てきぱき
精一杯頑張ります！
面接官
次はソムチャイさん
面接官
はーーい
タイ出身
そーーですーーっ
面接官
わたしはーー
せーいっぱいがんばりまーーす
面接官
あーりーがとうございましたーー
みーなさーん
どーなされましたーっ？
成績もいいし
受け答えも
いいんだけどねぇ…
面

これは面接の場面です。学生の受け答えの内容はしっかりしているのに、面接官はなぜか頼りないと感じています。どうして、このようなことが起こったのでしょうか。それは、その学生の声が比較的高く、話し方がソフトであったためです。

この学生のように、話している内容が面接の場面に適切であっても、その話す調子によって、メッセージが意図しない方向に解釈されてしまうことはよく起こります。例えば、「元気？」と聞いた問いかけに、非常にか細い声で、「うん、元気」と答えられても、あなたはその言葉通りの情報を信じないでしょう。このように、言葉そのものではないコミュニケーション（非言語コミュニケーション）で、言語の音声に関わるものをパラ言語（周辺言語、準言語）と言います。

パラ言語には、声の高低、声の高低の幅、速度、リズム、強弱のほか、笑い声、泣き声、ため息、考えているときに入る音なども含まれます。

マーレビアンによると顔の表情55%、音声の特徴38%と、実に93%もの情報を私たちは言語以外からメッセージとして受け取っているといいます。ですから、相手が言った内容とそのパラ言語からの印象が異なっている場合、パラ言語からの印象をメッセージとして受け取ってしまうのです。

パラ言語の受け取り方は、文化によって異なります。異文化間では、意図しない受け取り方をされる場合もあるので注意が必要です。

たとえば、日本人の女性は、欧米で期待される女性の声より高い傾向があると言われています。それは、時として、子供っぽい、社会人として信頼できないと受け取られてしまうおそれがあります。また、日本人の声は、接客などの丁寧な場合に高くなると言われていますので、そのような場で働く外国人が低い声で話してしまうと、失礼な印象を与えてしまいかねません。

外国語で話すときは、その話し方にも気を配ることが必要です。

第四章

自分をふりかえる

1. 学習スタイル

セルフチェック

新しいスキルを学ぶとき、あなたはどのような方法をとりますか。

1. 新しいことの中に飛び込んで体験的に学ぶ
□いつも　□多くの場合　□ときどき　□まれ

2. じっくり観察してよく考える
□いつも　□多くの場合　□ときどき　□まれ

3. まず理屈や仕組みを頭で把握する
□いつも　□多くの場合　□ときどき　□まれ

4．大体の見当をつけて試行錯誤してみる

□いつも　□多くの場合　□ときどき　□まれ

異文化は私達にとって新しい学びをふんだんに提供してくれます。何かを学ぶとき、その学習スタイルは人によって大きく4つのパターンがあります。実践や実体験から学ぶのが好きな人、じっくり観察してからでないと行動に出ない人、頭の中で理屈や仕組みが分かることを優先する人、大体見当をつけて試行錯誤を繰り返しながら学ぶ人です。各自学び方には得意不得意、好き嫌いがありますが、観察、理論化、試行、実践のこの4つの要素は学ぶ上でどれも不可欠です。異文化を学ぶときも同じです。頭だけで異文化を知っていても、実践が伴わなければ使い物になりません。これら4つの要素は学習を進める上での4段階と見ることもできます。観察から入って、理論化、試行、実践と進む人もいるでしょうし、実践から入って、観察、理論化、試行と進む人もいるでしょう。いずれにしろ、4つの要素を全部網羅すること、さらに繰り返しこのプロセスを継続することで学びが深まっていきます。自分の学習スタイルの特徴をつかんで、まんべんなく4つの要素を深めていければ、偏りのない学習ができます。

2. 対立管理スタイル

異文化間では常識が異なるわけですから、対立は頻繁に起こります。文化摩擦とかずれと言われるものです。そのような摩擦、誤解が生じたとき私達はどのような対処をしているでしょうか。まずはあなたの対立管理スタイルを探ってみましょう。

セルフチェック

意見の相違への対処パターン

相手と意見が衝突したとき、あなたは普通どのように反応・対処しますか? 次に、1から30の項目ごとにAとBの選択肢が書いてあります。あなたの反応・対処に近いほうを選択してください。どちらか選択しにくい場合もあるでしょうが、自分ならこちらにするだろうと思うものを選択してください。必ずどちらか選択し、あとの回答欄の表のAかBに○印をつけて答えてください。

1.

A 私は相手に問題の解決を任せるであろう

B 私は対立する点を調整しようとするより、合意している点を強調しようとする

2.

A 私は相手との妥協点を見つけて解決しようとする

B 私は相手と自分の主張しているすべての事柄を考慮するように努力する

3.

A 私は自分の目的を達成するために頑張る

B 私は相手の気持ちを和ませ、よい人間関係を維持するよう努力する

4.

A 私は相手との妥協点を見つけて解決しようとする

B 私は相手の主張を受け入れるために、自分の主張を犠牲にする

5.

A 私は解決を見出すために、常に相手の意見を求める

B 私は不必要な緊張関係が生じるのを避けるようにする

6. A 私は自分にとって不快な状況になることを避ける
B 私は自分の意見を通そうとする

7. A 私は自分の考えがまとまるまで、判断を保留する
B 相手が譲れば、私も譲る

8. A 私は自分の目的を達成するために頑張る
B 私は双方の関心事や意見をはじめからすべて明らかにするよう努める

9. A 私は意見の違いに、そんなにこだわらなくてもいいと思う
B 私は自分の主張が通るように頑張ってみる

10. A 私は自分の目的を達成するために頑張る
B 私は相手との妥協点を見つけて解決しようとする

11.
A 私は双方の関心事や意見をはじめからすべて明らかにするよう努める
B 私は相手の気持ちを和ませ、よい人間関係を維持しようとする

12.
A 私は対立が起きそうなとき、自分の意見を言うことを避ける
B 私は相手が譲るのに応じて自分も譲る

13.
A 私は喧嘩両成敗的な解決点を探る
B 私は自分の主張を理解してもらえるよう頑張る

14.
A 私は自分の意見を述べ、相手の意見も聞く
B 私は私の主張の合理性と利点を相手に分からせようとする

15.
A 私は相手の気持ちを和ませ、よい人間関係を維持しようとする
B 私は緊張関係が生じるのを避けるようにする

16.

A 私は相手の気持ちを傷つけないようにする

B 私は私の主張の利点を相手に説得する

17.

A 私はたいていの場合、自分の主張を変えない

B 私は、役に立たない緊張関係が生じるのを避けるようにする

18.

A 私は相手がそれで喜ぶのなら、相手の主張に逆らわない

B 私は相手が私の主張をある程度認めるなら、私も相手の主張をある程度は認める

19.

A 私は双方の関心事や意見をはじめからすべて明らかにするよう努める

B 私は自分の考えがまとまるまで、判断を保留する

20.

A 私は意見の相違を解決しようと積極的に行動する

B 私は双方にとって納得のいく、損得のバランスがとれた解決を探ろうとする

21．
A 交渉をするときは、私は相手の要望を配慮するように心掛ける
B 私は、問題点を率直に話しあう

22．
A 私は双方の主張の中間点を見出そうとする
B 私は自分の考えを主張する

23．
A 私は双方の願いを真に満足させることに関心がある
B 私は相手に問題の解決を任せるであろう

24．
A 相手にとって自分の主張が通ることが大切に見える場合は、私は相手に合わせようとする
B 私は相手が妥協するように働きかける

25．
A 私は私の主張の合理性と利点を相手に分からせようとする
B 交渉するときは、私は相手の要望を配慮するように心掛ける

26. A 私は中間点での解決を提案する
B 私は双方の願いをすべて満足させることに関心がある

27. A 私は対立が起きそうなとき、自分の意見を言うことを避ける
B 相手がそれで喜ぶなら、相手の主張に逆らわない

28. A 私は普通、自分の目的を達成するために頑張る
B 解決を見出すために、たいてい相手の意見を求める

29. A 私は中間点での解決を提案する
B 私は意見の違いにはそんなにこだわらなくていいと思う

30. A 私は相手の気持ちを傷つけないようにする
B 私は問題を相手に率直に話し、二人で一緒に解決策を見つけようとする

出典 :Thomas ― Kilmann の Conflic Mode Instrument を八代が和訳した

回答欄

どちらに○印をつけたか示してください。

	競争	共同	妥協	逃避	融通
1				A	B
2		B	A		
3	A				B
4			A		B
5		A		B	
6	B			A	
7			B	A	
8	A	B			
9	B			A	
10	A		B		

24	23	22	21	20	19	18	17	16	15	14	13	12	11
		B					A	B		B	B		
	A		B	A	A					A			A
B		A		B		B					A	B	
	B				B		B		B			A	
A			A			A		A	A				B

25	26	27	28	29	30
A			A		
	B		B		B
	A			A	
		A		B	
B		B			A

さらに表の各列の○数を合計してください。最も○数が多かったものが、あなたの対立管理スタイルです。

競争	
共同	
妥協	
逃避	
融通	

「逃避」…問題解決を先延ばしにしたり、問題があること自体を認めない対処のし方を指します。この方法は自分にとっても相手にとっても問題解決につながりません。

「融通」…相手の要求や要望に応じるために、自分の要求や要望を取り下げる解決法です。相手は喜びますが自分に不満や不都合が残ります。この方法を多用すると人間関係は深まりません。

「競争」…相手に自分の要求や要望を飲ませる解決法です。自分に力がある場合、自然に使ってしまう方法です。異文化間では、経済力、技術力、軍事力など力のあるほうが力の弱いほうを従えることが当たり前のように行われてきましたが、平和と人権を尊重するのであれば、適切な方法とは言えません。人と人の関係でも同様です。

「妥協」…ギブ・アンド・テイクの解決法です。譲り合いです。「私がこれだけ譲るかわりに、あなたもこれだけ譲ってください」というやり方です。この対立管理法が一番現実的で多く用いられています。

「共同」…相手と自分が共同で協力して問題解決のために汗を流す方法です。英語ではコラボレーションと言い、協調的問題解決法とも訳されています。妥協と似ていますが、共同では相手の要求要望も自分の要求要望も１００％達成できることを目指す点が異なります。理想論にすぎないと思われるかもしれませんが、異文化コミュニケーションにおいては大変有意義な方法です。それは、「共同」は真摯でオープンなコミュニケーションをベースにしているからです。互いに策略なしに、問題解決のために正直に必要なことを開示していくことにより、双方の本当の要望が明らかになります。さらに、その過程で互いに対する信頼、理解が形成されます。妥協では得られない深い信頼と理解が得られます。

共同を実施するにはまず相手を敵または競争相手と見るのではなく、共に問題を抱えている身であり、共に良い解決を求めていて、互いに協力しなければ問題を解決できない関係にあると認識することが大切です。そして、対立点にばかりこだわるのではなく、もう少し広い視野で問題をとらえなおす、つまりマクロ的視点を持つことです。そのためには、自分の立場や主張はいったんおいて、相手の立場や要望を傾聴します。その上で、自分の立場や要望を正確に伝え、合意できる点と調整が必要な点を明確にします。ここでポイントになるのはコミュニケーションを丁寧にとることにより、互いの真の要望・要求（interest）が何であるかをしっかりとらえなおすことです。そこから、解決のための糸口が見つかります。丁寧なコミュニケーションスキルに関しては第七章で詳しく述べます。

3. 異文化対応力

あなたの異文化対応力をチェックしてみましょう。

セルフチェック

次の12の項目にどれくらい同意できるか7段階評価で答えてください。冷静に、自分の気持ちに正直に、あまり考えすぎないで、1項目2分以内で答えてください。

1 ―― 2 ―― 3 ―― 4 ―― 5 ―― 6 ―― 7

◀まったくそう思わない　　どちらでもない　　大変そう思う▶

1. 私はよく心配しすぎると友達に言われます　（　　）
2. 私は詩を読むのが好きです　（　　）
3. 私は初対面の人に会うのが好きです　（　　）

4. 私にとって自分自身でいろいろなことを選択できることは非常に大切です　（　）

5. 私は人より芸術や演劇に関心があります　（　）

6. 他の人がする多くのことが私の気にさわります　（　）

7. 私は女性も男性も同じくらい自由であるべきだと思います　（　）

8. 私の親は、子供の頃、私に厳しすぎました　（　）

9. 新しいものや新しいことを試すのは私が仲間内でいちばん遅いです　（　）

10. 私は陽気な人間です　（　）

11. 私は決まりごとを破る人を見ると腹が立ちます　（　）

12. 私は、権威のある立場にいる人とそうでない人とでは、それほど知識に差があるとは思いません　（　）

点数の計算方法

項目1.～12.の番号に該当する答えの数を左の式に従って計算してください。

(1) 感情制御力

________ − ________ − ________ = ________
10. の答え　1. の答え　6. の答え

最高得点は 5、最低得点は −13

(2) オープンな心

________ + ________ − ________ = ________
2. の答え　5. の答え　11. の答え

最高得点は 13、最低得点は −5

(3) 柔軟性

________ + ________ − ________ = ________
3. の答え　7. の答え　9. の答え

最高得点は 13、最低得点は −5

(4) 自己受容度

________ + ________ − ________ = ________
4. の答え　12. の答え　8. の答え

最高得点は 13、最低得点は −5

４つの各項目において、最高得点に近ければ近いほど対応力があると言えます。逆に最低得点に近ければ近いほど対応力に問題があります。

異文化対応力チェックでは変化にどれだけ肯定的に対応する力があるか測定しています。

私達にとって異文化は当然日常とは異なること、つまり多くの変化を伴うものです。この変化に強いということは感情制御力があり、オープンな心を持っており、柔軟に対応できる行動力があり、失敗することがある自分を受け入れることができるということです。

(1) 感情制御力

異文化では常識や価値観や習慣が異なりますから、誤解や対立は避けられません。そのようなとき、イライラして怒りや不安、嫌悪の感情に支配されると冷静さを失い、正しい判断ができなくなります。怒りや嫌悪といった否定的な感情を好奇心などの肯定的な感情に転換できれば、異文化理解のエネルギーになります。そのためには感情制御力は大切な能力です。

(2) オープンな心

新しい考え方、やり方、価値観に心を開いているということです。自文化の考え方、やり方、価値観はしっかりと持ちながらも、排他的にならず、相手の考え方、やり方、価値観を受け止めることができる。私達は同意してもらわなくても受け止めてもらえれば、ほとんどの場合、もつれの解決方法は見つけられます。

(3) 柔軟性

オープンな心に根ざした行動力を測定しています。心がオープンでも、行動が伴わないと相手には分かりにくいものです。たとえば、私達は挨拶をするときにおじぎをしますが、握手をする文化に行ったときは握手ができますか。抱擁をする文化に行ったときは抱擁できますか。ヨーロッパの国々でエレベーターに乗るとき、女性を先に乗せられますか。異文化は行動の変化を要求します。

(4) 自己受容度

現在の自分をどれだけ受け入れているかということも大切な資質です。自分を肯定できない人は、異文化に適応しにくいのです。異文化では失敗が付きものです。どんなに準備して行っても、想定外のことが起きます。だからこそ異文化なのです。そんなとき、落ち込んで自分を責めたり、自信喪失になってしまっては、変化に対応できません。失敗した自分をしっかり受け止め、次回は大丈夫と自分を励ます自分でなければ先に進めません。

異文化対応力はどのようにしたら身につくのでしょうか。具体的な例を用いて説明します。相手が自分が予想もしなかった言動に出たので、驚きあきれ、怒りがわいてきたとしましょう。まず、感情制御には次の2つのステップが有効です。

1．その場を離れて、視界から相手を除く

2．静かなところで深呼吸をし、感情を制御できるようになるまで鎮める

訓練すれば一、二分でできるようになります。次に、オープンな心で静かに自分の判断を再検討します。思い込みや誤解がないか自問自答してみます。そして、意固地にならず、分からなかったことを相手に質問します。価値判断を保留して相手に説明を求め、傾聴します。この行動が柔軟性です。自己受容は、怒ってしまって自分を失いかけたこと、相手を誤解してしまったことを受け止めた上で、問いかけと傾聴をすることができた自分を受け入れ、評価することです。実際の異文化体験を積み重ねることで確実に異文化対応力は向上しますが、異文化シミュレーション（疑似体験）学習をすることで、ある程度あげることができます。多くの教育機関や企業では留学前や海外赴任前にこのような学習を実施し、効果をあげています。

4. 共感力・エンパシー

自分の基準で感じるのではなく、相手の基準で感じることができることが共感力・エンパシーです。相手の気持ちに共感できれば、適切な対応ができます。まずはあなたの共感力をチェックしてみましょう。

セルフチェック

次の1～6各項目のAとBの文章を読み、あなたの考えにより近いと思うものをどちらか選んで、あとの表に○印で答えてください。

1. **A** その人のおかれている立場で、自分ならどうしてほしいかよく考えて、そのようにしてあげる

B 自分にとってはあまり意味がないと思えるようなことであっても、その人がしてほしいと思っているだろうことをしてあげる

2. **A** 自分が以前同じような経験をしたことがあると、その時のことを思い出してアド

バイスする

B　その人にとっての意味をよく聞いて理解してからでないと自分のアドバイスは述べられない

3.

A　自分がそうしてもらったら嬉しいと思うことをしてあげれば、他の人にも喜んでもらえると思う

B　自分がそうしてもらったら嬉しいと思うことをしてあげても、他の人は喜ばないこともあるだろう

4.

A　ある状況下で人が感じることはだいたい、みな同じようなものである

B　想像の範囲内でしかあり得なくとも、その人になったつもりで感じてみる

5.

A　アメリカでは学費を両親に払ってもらえず、自分で働きながら大学に行く学生も多いとは、大変気の毒なことである

B　私なら子どもの教育費は面倒を見るだろうが、アメリカでは両親が学費を払わないで、自分で働きながら大学に行く学生が多いことが理解できる

6. A 韓国では目上の人の前でたばこを吸うべきでないそうだが、礼儀作法が厳しくて気詰まりのすることだろう

B 私にとってはそこまで気を使わなくてもと思うことだが、韓国では目上の人の前でたばこを吸うべきでないという儒教的精神を大切にしているのだろう

回答欄

どちらに○印をつけたか示してください。

1.	A	B
2.	A	B
3.	A	B
4.	A	B
5.	A	B
6.	A	B
合計	Aの数（　）	Bの数（　）

Aは同情、Bは共感です。

共感とは相手の立場になって、相手と同じように感じることです。相手の痛みを自分の痛みとして感じることができることです。同情とは自分の立場から、相手の立場を見て、「大変だろうなあ」とか「かわいそうだ」などと感じることです。同じ文化に属する人の間では共感と同情の間には大きな違いはないのですが、異文化間では共感と同情には大きな違いがあります。留学生に「日本語勉強するのって大変でしょうね」と言うのは同情ですが、「外国語を勉強するのって本当に大変だよね。私も中国語で苦労しているよ」と言うのが共感です。異文化の人に同情することはできても、共感することはそんなにたやすいことではありません。

たとえば、私達がよく使う表現に「うそ！」と言うのがあります。意外なこと、予想していなかったことなどに対する「おどろき」を表す表現として私達は使います。でも、キリスト教文化圏の人はこの表現を文字通りに受け取って、「うそじゃない」と怒りに近い感情を出すことがあります。それは、「うそをつく」ことは神の教えに反すると子供のころからしつけられているからです。英語ではこのようなとき「うそ！」という表現は使わず、no kidding!（冗談でしょ！）と言います。彼らは日本語の「うそ！」という表現に共感できないわけです。一方、私達は「うそじゃない！」と怒る彼らに共感することができないで、なぜそんなに気色ばむのかと不思議に思います。

もう一つ例を挙げましょう。贈り物をするとき、私達日本人は、大きさよりも価格とセンスを重要視します。中国では贈り物の大きさがかなり大切です。従って、高価で小さな物ではなく、大きな同程度の価格のものを持って行くほうが喜ばれます。「大きさ」の持つ感覚に共感できますか。

それぞれの文化に対する知識があれば、相手がなぜそのように感じるのか理解し、共感することができるようになります。相手が自分の文化の決まりや習慣に同化するのが当たり前だという態度からは共感は生まれません。相手は、同情はするけれども共感してくれない人から、そのような同化を求める態度を嗅ぎ取り、息苦しく感じます。共感を示してもらえると自分と自文化を尊重してもらえると感じ、楽に息ができます。

第五章

言語コミュニケーションの違い

褒められたけど…

質問がなければ今日の授業はおわります
先生ー先生の授業とてもわかりやすいです
授業がおもしろいです
あ…どうも…
ホントに上手です
いえいえそんなこと…
すばらしいです
先生もまだまだ教え方勉強しないとねぇ…
……
…
……
ほめられてうれしいのに
どっしり…
もや
なんで学生の前で謙遜しちゃったんだろう…

日本語を教えていると、しばしばこのマンガのような場面を体験します。そして、褒めてもらえることは嬉しいのですが、コミュニケーション上、何か居心地の悪い感じがするのです。これは、一体なぜでしょう。

日本人同士の褒め方について考えてみましょう。たとえば、外国語を話す機会があって、それを他の日本人から「本当に上手ですねえ。すばらしい」と褒められた場合、どう答えますか。おそらく、多くの日本人は「いえいえ、そんなことはありません」と謙遜するのではないでしょうか。マンガのような場面で感じる居心地の悪さは、学生が目上の立場である教師を褒めるという状況から起こります。日本の文化で目上の立場である教師を褒めることは、教師に謙遜させなければならないような気持ちにさせることであるからです。学生に対して、「いえいえ、そんなことはありません。」とは答えにくいので、どう対応していいのか分からない、居心地の悪さがあるのではないでしょうか。

もちろん、「どうもありがとう」と褒められたことを受け入れることもできます。また、日本でも、以前と比べると、褒められたことに対して「ありがとう」と率直に受け入れることが増えてきてはいます。しかし、職場の上司や年齢が上の人から褒められた場合は、謙遜するのが一般的です。また、「ありがとう」と受け入れることが多くなってきたとは言っても、次のようなやり取りに

自慢？

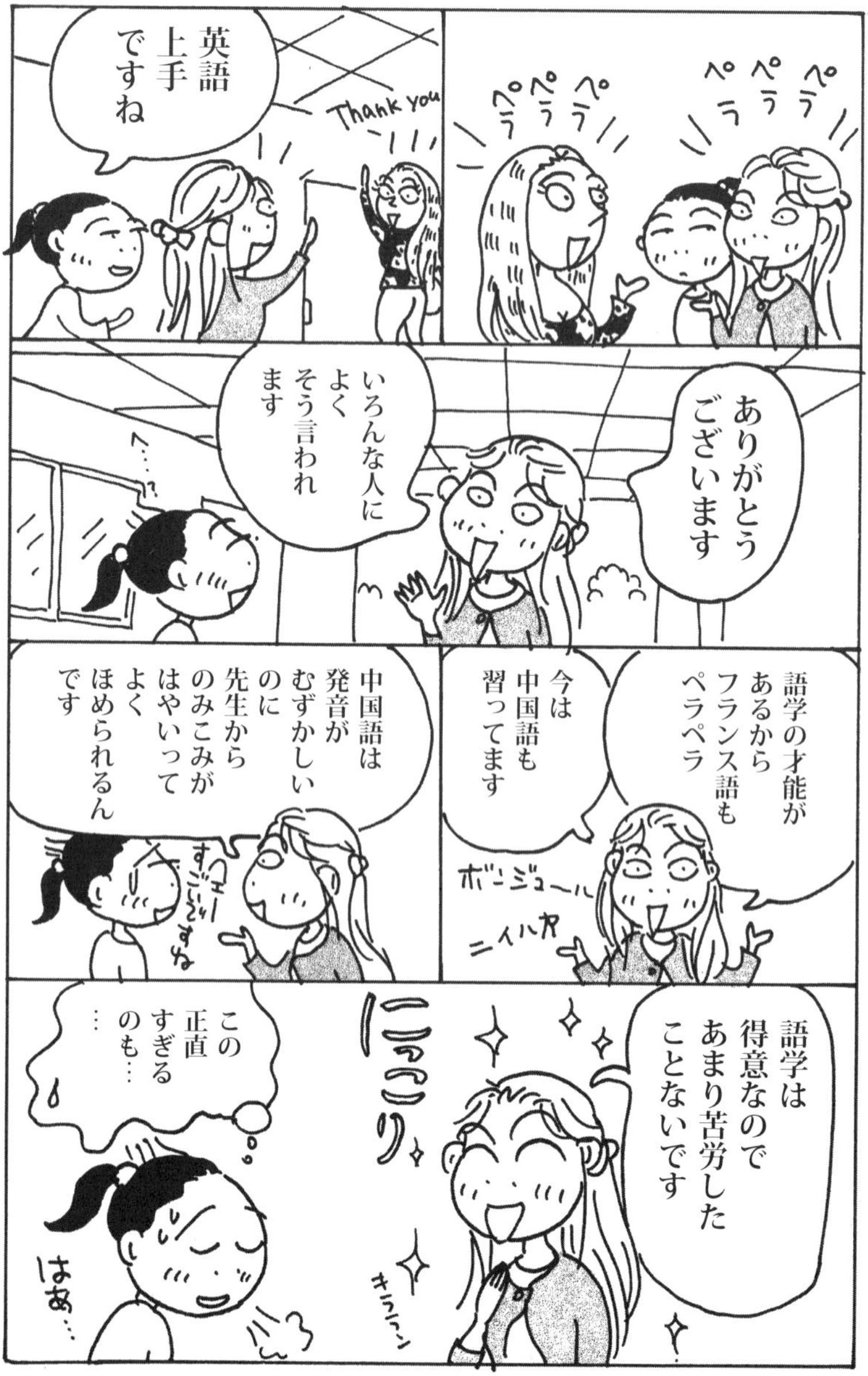

は違和感を覚えるはずです。

「ありがとうございます」だけなら、受け入れられる行動でも、その後、それをさらに自分で裏付けるような内容を堂々と話してしまっては、「自分のことをひけらかす人」というような悪い印象を与えてしまいます。

これが日本語学習者の場合だとしたら、どうでしょうか。「日本語が上手ですね」「はい、私は日本語が上手です」というような不自然なやり取りを避けるために、多くの教科書では、「いえ、まだまだです」とか「いえ、そんなことはありません」というような表現を学習することになっています。その際、その背景に、どのような感情があるか、どんな相手だったら、「ありがとう」と言ってもいいか、など、考える機会を作ってみてはどうでしょうか。

また、日本人が異なる文化の中で褒められた場合、謙譲の美徳が必ずしも通用するとは限らないことも覚えておきましょう。

謝りすぎるルリコ

『アメリカ人に気持ちを伝える英会話トレーニング―リアルな表現・人づきあいの心得』より

この会話は、英語教材の中で、不自然な会話の例として挙げられているものです。ルリコが同僚のダンに昨日電話するのを忘れていたことを謝っています。ルリコの対応のどこが、不自然なのでしょうか。

この教材によると、ルリコは謝りすぎだという点で不自然だということです。彼女の失敗については謝るべきですが、それは、「電話するのを忘れた」という一点に対してだけであり、時間を取ってくれたことに対する謝罪は必要ありません。また、謝ったことに対して、許してもらったら感謝を述べればいいのだということです。

日本人の場合、このように、異文化の中では、謝りすぎだととらえられる傾向があるようです。場合によっては、自分を卑下しているという悪い印象を与えてしまうこともあるでしょう。では、このような対応をしがちな日本人は、日本文化の中にいる日本語学習者に対して、どのような対応を期待していると考えられるでしょうか。

多くの場合、学習者は日本人が期待するほどは、謝らないと受け取られてしまいます。たとえば、「授業を休む」ということを申し出に来る場合、日本人は「どうもすみません」という言葉を期待してしまいます。しかし、学習者は自分に過失があると思えば、その点については、謝るでしょうが、そう認識していない事柄については、謝らないことが多く、自分を正当化していると受け取られてしまうことが多いようです。

また、日本語では、感謝の意味を表すような場合にも「すみません」という言葉がよく使われます。たとえば、旅行のお土産をもらった場合でも、「どうもすみません」という言葉が口をついて出るのではないでしょうか。この場合の「すみません」は、謝罪というよりも、相手が自分に気を遣ってくれたことへの配慮の表現とでもいうようなものです。しかし、このような場合に「すみません」と言ってしまうということは、相手にも同じ場面では同じ対応を期待してしまうということにもつながります。

どのような場面でどのような表現がよく用いられるか、また、そこにはどのような文化的背景があるのかを、考えることが重要だと言えるでしょう。

I'm
sorry!!!

ケンもホロロに…

ねえ
青山に
おいしい
ケーキ屋さん
あるんだけど
明日いかない？
フランス人
そこ
ケーキの
種類も
たくさんあって
安くて
おいしいんだよ
明日は
だめ
もう
予定
入ってる
から
なんで早く
言って
くれないの
困るよ
……
じゃ
来週は
？
来週は
フランスに
帰ってる
あ……
そう……

マンガでは、ケーキ屋へ誘われたフランス人の女性は、あっさりと断ってしまいました。このような断り方をされた場合、断られた日本人は、おそらく相手に対して自己主張が強い人だという印象を持つでしょう。また、誘ったことに感謝されこそすれ、どうして誘った自分が「もっと早く言ってくれないと困る」と責められなければならないのかと、嫌な気持ちになる人が多いのではないでしょうか。

では、日本語として、どう断るのが、よりよい関係を築くための断り方でしょうか。日本人同士でよくある断り方のパターンを見てみましょう。

断らずに断る？！

ねえ 青山に おいしい ケーキ屋さん あるんだけど 明日いかない？
う～ん 今週は 試験が あるし…
そーか じゃ大変 だよね
おまけに 明日は 予定が 入っちゃって…
そーか じゃ またに しよーか
ごめ～ん
いいって
明日は ケーキ 半額の日 なんだけどね
じゃ～ ね～
ざんね～ん
あ… ちょっと 考え させて…

このように、（1）だめだということをはっきり言わず察してもらう、（2）予定が入っていることが残念だという表現を使う、（3）断らなければならないことを謝る、というぐらいのステップが必要ではないでしょうか。何よりも相手への配慮を全面に表現することが日本語においては求められていると言えます。自分のことを理論的に述べ、積極的に説得するのではなく、相手の気持ちに訴えかけ、察してもらうコミュニケーション・スタイルです。

それに対して、自分の事情をはっきりと述べることがよいとされているコミュニケーション・スタイルもあります。一般に多民族から成り立っているような文化において、自分を主張することが重視されていると言われています。

コミュニケーション・スタイルに優劣はありません。しかし、その文化の中で生活していく上で、不利にならないよう、スタイルの違いについては、知っておいたほうがいいでしょう。日本語学習者にとっても、知らないまま自分のスタイルを貫き、誤解を受けることは不利なことです。もちろん、知った上で、どうしたいかということは、個人に任されることです。しかし、少なくとも知識として、文化背景が異なる場合、誤解されないよう、また、誤解しないよう、コミュニケーション・スタイルを調節する必要があることを理解しておくことが必要でしょう。

4. 自己紹介

自己PR？

留学生歓迎会
心理学研究室に入ってきた李さんです
わたしは李と申します
北京から来ました
わたしは北京で一番有名な大学を卒業しました
成績もトップクラスでした
キラ
私はなんでも一生けんめい頑張る
キラ
友達からはいつも信頼されています
キラ
また明るくて人から好かれます
キラ
ここでもみなさんと仲よくしたいです
よろしくおねがいします
キラ
キラ
キラ
キラ〜ン
歓迎会
……
なんで拍手がパラパラですか？
パ…チ…
パ…チ…
パ…チ…
パ…パ…チ…
パ…チ…

このような自己紹介を聞いた場合、日本人ならおそらく自分について褒めているような「一番有名な大学を…」や「何でも一生けんめい頑張る、…信頼されています」、「明るくて…好かれます」というあたりに違和感を覚えるのではないでしょうか。

日本では、このような内容は、「自慢している」とマイナスの評価を受けてしまうため、もっと謙遜した表現を使うか、また、自分をアピールしたい場合でも、あまり「自慢」と受け取られないように配慮した表現を使います。

しかし、一方で、日本的な謙遜表現は他の文化の中で、必ずしも肯定的に受け取られるとは限りません。欧米や中国などでは、大げさすぎたり、必要以上に自慢しすぎたりしなければ、自分の業績やプラスの評価は事実として、堂々と話していいことだと考えられているといいます。

自己紹介についての態度が、文化によってどのように違うかを知ることは、最初の印象を左右するので、重要なことです。学習の最初の段階から学ぶことは難しくても、機会を見て、母語話者の自己紹介を分析したり、その背景を考えたりする場を持つことは、学習者にとって有益なことだと言えます。

第六章

非言語コミュニケーションの違い

1. アイコンタクトの意味と受け取り方

視線が痛い

非言語情報によるコミュニケーションへの影響は、言語情報よりも大きいと言われています。しかし、外国語そのものを学ぶことはできても、その言語の文化における非言語を学ぶ機会があまりない学習者は少なくありません。

このマンガの例では学生は「はい」と返事しただけですが、教師は居心地の悪さを感じています。それは学生のアイコンタクトに起因しています。コミュニケーションの際に、相手の目を見る行為をアイコンタクトと言いますが、総じて、日本人のアイコンタクトは、他の文化よりも弱いと言われています。

同じ日本文化の中で育った人でも、その育った環境や個人の性格などによって違いはあります。しかし、一般的に日本に比べ、中国やアメリカのほうがアイコンタクトが強いと言われており、話をするときには目を見たままで、視線を外しません。それに対して、日本では、目を見るか、顔全体や口元を見るかという違いもありますが、目を見た場合でも、アイコンタクトは弱く、ある程度の時間で視線を外すことが多いと言われています。ビジネス・マナーとしても、人と話すときは何十秒かに一度は視線を外したほうがいいと教えることもあるようです。

普通の会話の場合でも、アイコンタクトの違いによって人は違和感を覚えることがあります。さらに、これが、このケースのように教師や上司に叱られているような場面だとしたら、どうでしょうか。

このケースでは、教師は学生のアイコンタクトを苦痛に感じただけでしたが、場合によっては、学生側についてもっと不利益な判断をしてしまうこともあるかもしれません。たとえば、非常に反省して話を聞いていることを学生が示すためにじっと目を見ていたのに、反抗的だと判断されてしまったり、逆に、反省していることを示すために、うつむいて話を聞いていたら、話を真剣に聞いていないと判断されてしまったりすることもあるのではないでしょうか。

アイコンタクトについての意味や受け取り方が、文化によって異なることを知り、自分がどのようなアイコンタクトをしているのか、また、相手の文化ではどうなのかを意識することが重要です。先ほどのケースでは、機会を見つけて、学生と一緒にどのようなアイコンタクトがどう受け取られるかということを考えてみるのもいいかもしれません。

これは、学習者のアイコンタクトが強すぎる場合だけではなく、一般的にアイコンタクトが弱いと言われている日本人にも言えることです。最近のビジネス・マナーを教える場では、「何十秒かに一度視線を外す」ことより、「視線を外さずに耐える」また、「視線を外したいときには、視線を外すのではなく、少し微笑む」などの対策が教えられているそうです。

2. 表情が与える誤解

ボク、真剣です

なんで先生は怒ったんだろう……
ボクは真剣に話を聞いていたのに……
ナムさんの感謝の気持ちも
にーや
ナムさんの丁寧な態度も
にや
にーや
ベトナム人の礼を尽くした話の聞き方も
にや
にや
にや
でも、でも、
なんで先生は怒ったんだろう
あ ナムさんちょっと…
にーや
はい

表情についても同じようなことが言えます。今回のケースでは、どんなことが起こっていたのでしょうか。

ベトナムやタイでは感謝の気持ちや、丁寧な態度で話を聞いているということを見せる意味で笑顔を浮かべると言われています。しかし、この場合、教師の側には、神妙な顔つきでない＝真剣に話を聞いていない、ととらえられてしまったのです。このケースで、学生が「日本人が怒ってしまう」ということを知ることは必要な経験だったかもしれません。ただ、このままではそれがなぜなのか、ということは分からずに終わってしまうでしょう。日本で長く生活し、ビジネスの場で活躍する学生も多いことを考えると、学生にとって、どのような態度が望ましいのかを知っておくことは必要なことでしょう。教師は、学生がなぜ笑ったのか、このような場で笑顔を見せると、どのような誤解を日本人に与えかねないか、ということを伝えることが大切です。また、そのためには、自身が不快な気持ちになりそうなときにも、いったん判断を保留し、落ち着くことが必要です。

また、学習者の表情だけでなく、教師の表情が誤解を与えることも考えられます。

笑顔でリラックス、のつもりが…

このケースは、寛容さを示すための教師の微笑みが、学習者には「笑われた」と否定的に受け取られてしまった例です。教師が自分の表情を無理に他の文化に合わせる必要はないでしょうが、学生がどのような受け取り方をしているか、また、そこには誤解が生じうるということを意識して、気を配ることが大切です。たとえば、このケースのように「笑われた」という否定的な取り方を防ぐためには、「失敗をおそれず練習してほしい」ということや、「発話が間違っていても、チャレンジすることのほうがすばらしいのだ」というような励ましの言葉を同時にかけるなどの対応によって、誤解を防ぐことができるかもしれません。

教師と学習者という人間関係ではなく、別の人間関係でも同様のことが起こるでしょう。自分にとって不快な表情をされた場合には、いきなり気分を害してしまうのではなく、判断を保留し、なぜそうなのか、事実とその解釈を考えてみましょう。また、自分の表情によって、相手を不快にしてしまうかもしれません。一見、全世界共通であるように見える表情であっても、それがいつ、どんな場面で何を表すか、ということで誤解を与えてしまうかもしれないということを意識することは重要です。それによって、より円滑なコミュニケーションができるのではないでしょうか。

セルフチェック

自分が学生であると思ってください。授業中の態度として、当てはまるものはどれですか。

1. 話を聞いているときは、できるだけ教師の目を見る。
2. 話を聞いているときは、教師のほうを向くが、目を見るのではなく、顔全体を見る。
3. 話を聞いているときは、教師のほうを向くが、目を見るのではなく、口元あたりを見る。
4. 教師が話しているときも、特に教師のほうを向く必要はない。
5. 授業中は、教師の話や場面に合わせて、笑ってもいい。
6. 授業中は、できるだけ真面目な顔をしているほうがいい。
7. 面白くないとか分からないという不快な表情を見せることは、教師に対して失礼だ。
8. 間違えたり失敗したときは、笑う。

9．間違えたり失敗したときは、笑わない。

1～4はアイコンタクトについてです。5～7は授業中の表情、8～9は失敗したときの表情についてです。どの答えを選んだかによって、今までの自分のコミュニケーション行動の傾向を知り、特に日本語を教えるような場面では自分の期待とは異なった行動をとる学習者がいることを知っておきましょう。

3. 文化間で異なるジェスチャーとしぐさ

○△×が意味するもの

意図的なノンバーバルな体の動きをジェスチャーと言います。言葉が通じない国でも「身振り手振りだけで旅行できる」と言うような人もいるほど、ジェスチャーは共通に通じると思われていることが多いのではないでしょうか。しかし、実際には、多くのジェスチャーが異なる文化間で共通のものではないのです。そのため、誤解を生んだり、感情を害する原因になったりする可能性もあるのです。

このマンガのケースのように、「×」が「よくない」を意味することは多くの文化において理解されません。ほかにも日本のジェスチャーであまり通じないものとしては、お猪口を傾けるしぐさで「お酒を飲む」、顔の前で両手を合わせたり、片手を立てたりするしぐさで「感謝や依頼」、小指を立てるしぐさで「女性、恋人」などを表すようなものが挙げられます。

では、このような日本の文化特有のものは、授業中に使うことはできないのでしょうか。もちろん、決してそんなことはなく、むしろ日本文化で共通に使われるものを知ることは、日本語を学ぶ上で、重要なことだと考えられます。大切なことは、初めて出てきた段階で、説明が必要なのだということを知っておくことでしょう。

ジェスチャーだけなく、体全体の姿勢やしぐさにも、文化による違いがあります。たとえば、旅行先で店員や交通機関の係員などのしぐさに、文化の違いを感じたことのある方も多いのではないでしょうか。

ある日本語教師がマレーシアに赴任になったときのことです。物を買うような場合に店員が、片手で投げるように物やお金を渡すのを見て、なんて失礼な対応だと思ったそうです。日本を思い出して比べてみると、「やはり日本は丁寧で、この国は失礼だ」とその国に対して否定的な感情を持ってしまいます。しかし、少し時間が経つと、確かに投げるように物を渡す人もいるのですが、決して全員がそうではなく、丁寧に渡す人もいることに気付きます。そういう人たちは、右手で物を渡すとき、その右手のひじ辺りに左手を添えて手渡す動作をしており、それがその文化での丁寧な物の渡し方なのだと気付いたということです。日本のほうが丁寧だと思い込んで、違った形の丁寧さに気付いていなかったのです。

このような経験をした後に、日本に帰国し、教室での出来事を観察していると、学生たちのしぐさにも同様のことが見られることに気付きます。たとえば、学生の小テストや宿題を集める際や、提出物を手渡されるような場合、日本風に丁寧に両手で渡す学生もいますが、そうでない学生も多くいます。その中で、ある韓国出身の学生は、いつも先ほどのマレーシアの店員のように物を渡すほうの手のひじあたりに反対の手を添える動作をしていました。この動作は韓国でも同様に、丁寧に物を渡すしぐさだったのです。

この事例から分かるように、クラスの中には、日本風に丁寧さを表そうとする学生、自文化での丁寧さがたまたま日本と同じであった学生、自文化流のやり方で丁寧さを表そうとする学生、教師に物を渡す場合程度では、丁寧さを特に示さない学生、と様々な行動が混在していることが考えられるのです。

では、このようなしぐさは、教えるべき項目となるでしょうか。

学習者が、進学や就職の面接を受けるような場合を考えると、日本における丁寧な態度や丁寧さを表すしぐさは知っておくべきことでしょう。会話のクラスや面接練習などの際に、知識としても、実際の行動についても学習しておいたほうが学習者にとって有益です。それと同時に、お互いの文化について話す機会を作るのも、面白いのではないでしょうか。日本語の教材でも、ジェスチャーの違いなどを読み物のトピックとして扱っているものがあります。そのような機会を使って、それぞれの文化でどのようなジェスチャーを使うのか、また、どんなしぐさが丁寧だとか失礼だとか、話してみると、大いに盛りあがるのではないでしょうか。そして、様々な違いがあると学ぶことができれば、日本に対してだけでなく、学習者同士、様々な文化的背景を持つ相手への配慮を学ぶいいチャンスになることでしょう。

ステップアップ **エクササイズ**

教室の中で、教師が使うジェスチャーにはどのようなものがあるでしょうか。また、それは他の文化でも同じ意味で使われるか、考えてみましょう。

たとえば、親指と人差し指で円を作り、残りの指を立てるOKのジェスチャーなどは、教師が使う可能性があるものでしょう。これは、その通り「OK」として受け取る文化もありますが、南米などでは卑猥で相手を侮辱する意味を持つと言われています。また、日本では新しいジェスチャーですが、親指を立てて、「よい」とか「すばらしい」という意味を表すジェスチャーも、タイでは相手を怒るときに用いられるそうです。

ほかの例として、片方の手を開き、そのてのひらを、拳を作った反対の手で打つ「わかった」とか「なるほど」というような意味を表すジェスチャーは、韓国や東南アジアでは、性的な意味を持つジェスチャーだそうです。何かを指し示すとき、手全体や人差し指と中指で指していたのが、気付かないうちに中指だけを使ってしまうようなことも注意が必要です。

もちろん、これらは文脈の中で用いられるものなので、悪い意味を示そうとして用いられていないものであることは学習者にも理解されるでしょう。しかし、ジェスチャーの意味が自分の意図と違うものとして伝わる可能性があることを忘れないようにしましょう。

4. タブーにもなりうるタッチング

握手はだめ？

海をみながら食事するなんてステキね
ざざん
あ、きたきた わたしの友達
みどりさんです
マレーシアのアリさん
はじめまして
みどりです
ギュウ～
ん…？
…
…
やきもち…？
すっ…
女の人が男の人にあまりしっかりと手を握るのはよくないよ
ざざん
え…うそ…
あたし今日ホテルのボーイさんに…
いろいろ助かったわー
ありがとー
ギュウ～

タッチング、つまり体と体の接触によるコミュニケーションは、基本的なコミュニケーション手段の一つです。しかし、それがどの程度行なわれるか、また、制限されるかということは、文化によって異なります。

たとえば、挨拶の際に、日本ではおじぎをするのが一般的で、そこにタッチングは伴いません。このマンガのケースで言うと、マレーシアのムスリムの文化では、男性同士はしっかりと握手をしますが、女性は異性と握手しない人がいるだけでなく、握手する場合でも手の先半分ぐらいを軽く合わせる程度です。どのようなタッチングが行われるかは、文化によって異なるのです。

マンガのように、その文化で期待されていない行動をとってしまった場合、相手がどのようにとらえるかはケース・バイ・ケースではありますが、まずはその文化でどのような行動が望ましいのかを知ることが重要でしょう。また、観察して分かったつもりになっても、性別、年代、社会的立場など、様々な要因があることに気をつけたほうがいいでしょう。

日本では、幼児期に親などの世話をする人との接触は頻繁に行なわれますが、成長とともに、タッチングが急速に制限されると言われています。自身の生活を振り返ってみても、非常に親しい異性との接触を別にすると、満員電車で人と接触することはあっても、意図的に人と接触をしたことがほとんどないという人が多いのではないでしょうか。

それに対して、欧米では、挨拶のときの握手や抱擁（ハグ）、キスなどのタッチングを伴う行為が頻繁に行われます。日本文化のようにタッチングが制限される文化に育つと、このようなタッチングを伴う挨拶に抵抗を感じる人も多いのではないでしょうか。しかし、一度慣れてしまえば、肌の接触から愛情や親密さを感じ、安心感を得ることも理解できることでしょう。

ある教師を目指している学生が初めてアメリカに行き、そこでの教師研修を終え、研修を担当してくれた先生方と抱きあって別れを惜しんだとき、励ましや愛情を強く実感することができたと話していました。また、悲しみ、落ち込んでいるときに、手を取ったり、肩を抱いたりしてもらうことにより、気持ちが落ち着き、楽になることもあります。このように、タッチングは好意や親密さを表す効果が強いものです。

しかし、好意や親密さを表す力が強い反面、文化によっては、タッチングがタブーにもなり、相手を非常に傷つけ、人間関係を妨げることもあります。暴力行為などはもちろんですが、セクシャル・ハラスメントなども犯罪であり、人を深く傷つけるということは明らかでしょう。

また、好意を持って行ったタッチングもその文化の中での意味を読み違えると、人間関係を妨げる要因になります。特に、教師として異文化の中で働く場合、状況を観察したりその職場の人に聞いたりして、情報を得た上で、慎重に行動することが必要かもしれません。

セルフチェック

海外に行った場合、どのような挨拶をしますか。

1．日本にいるときと同じようにおじぎする。

2．海外に行った場合は、握手するようにしている。

3．海外に行った場合は、抱擁やキスをするようにしている。

4．現地の人の真似をするようにしている。

先ほども述べたように、その文化で期待されていない行動をとってしまった場合、相手がどのようにとらえるかはケース・バイ・ケースではあります。しかし、まずはその文化での期待されている行動について知ることが重要でしょう。

5. 空間と対人距離の快・不快

近いんですけど…

先生 明日 学会があるので 授業を 休みます
わかり ました
少しは 日本の 生活に なれた?
はい 日本の習慣 にもだいぶ なれました …あれこれ
…
なんか ちょっと 近すぎや しない…
あと 少し さがり たい けど…
げっ … カベ
先生は どう思い ますか?
あ… え? 何の話 だっ… け?
は…?

コミュニケーションの際、人は他人との距離を心地よく感じたり、反対に居心地が悪いと感じたりします。これは、人が、ボディーバブルという「人には入りこまれたくない空間」をまとっているからだと言われています。このボディーバブルは、相手との人間関係や状況によって変わるため、泡のようなものにたとえられており、個人差ももちろんありますが、文化による差が大きいということもよく知られています。どの程度が心地よく、どの程度が不快感を与えるかは明文化されていませんが、私たちはこれを普段、無意識に調整しているのです。そして、お互いの感覚に差があると、その調整がうまく行かず、「なれなれしい」とか「よそよそしい」という悪い印象を与えてしまうということが起こるのです。

対人距離には、密接距離、個体距離、社会距離、公衆距離の4つがあると言われています。

(1) 密接距離

親と赤ちゃんや幼児、恋人同士といったような非常に近く親しい間柄の距離です。接触によるコミュニケーションが多く、言葉によるコミュニケーションは、非常に短い文や、不明瞭なささやきなどでも相手に伝わります。お互いの感情を伝えるのに適した距離だと言えるでしょう。この距離に、遠い関係の人が入ってくると、非常に不快感を感じると言われています。

（2）個体距離（パーソナル・スペース）

比較的近い関係の友人などと1対1で個人的なことを話すような距離です。腕を伸ばせば、触れられる程度の距離で、リラックスした中程度の声で、カジュアルな会話をするのに向いています。前述のボディーバブルというのが、ちょうどこの距離に当たります。ただ、日本人のボディーバブルは他の文化より大きいことが多いと言われています。たとえば、同じ東アジアであっても、中国人と日本人とでは、日本人のボディーバブルのほうが大きいと言われています。したがって中国人と日本人が二人で話しているときには、一般に中国人のほうが近づいて話す傾向があると言えます。

（3）社会距離

仕事の同僚などとミーティングをしたり、3～4人の友人同士で雑談するような距離です。個人的な話題ではなく、一般的な話題について社交的に会話しやすい距離だと言えます。声は、個体距離よりはやや大きくなりますが、言葉の調子や丁寧度は状況によって異なります。

（4）公衆距離

講演をする際の講演者と聴衆や、大教室での教師と学生の距離です。1対多のコミュニケーションであって、個人的な会話はできません。

このように、近いことは、親しみや愛情を表しますが、近すぎると相手に「なれなれしすぎる」「押し付けがましい」というような不快感を与えます。また、遠いことは、丁寧さやフォーマルさを表しますが、場合によっては「よそよそしい」「冷たい」という不快感を与えかねません。

この対人距離は、育った文化による違いが大きいため、日本語を学ぶ学習者と日本人とのコミュニケーションの場合や、異なる文化の学習者同士でのコミュニケーションで、誤解が生じやすいものです。そして、普段、無意識で行っていることであるため、「なんとなく不快だ」という、解くのが難しい誤解になりがちです。

それぞれの文化による心地よさがあるため、「日本ではこうしなければならない」と押し付けるのではなく、たとえば、ロールプレイを行うような会話の練習の際に、対人距離について考える時間をとってみてはどうでしょうか。

ステップアップ　エクササイズ

自分が学生であると思ってください。授業後に先生と話すとき、あなたならどれを選びますか。またそれは、週末の予定などの一般的なおしゃべりのときと、個人的に何か頼みたいようなときでは、変わりますか（教師は教卓のところにいます）。

1．位置

a．教卓をはさんで正面から

b．教卓の斜め前から

c．教卓などが間に何もない状態で、教師の横から

d．教室の後ろの方から

2．距離

a．50 cmぐらい

b．1 m ぐらい

c. 1.5〜3mぐらい

d. 3m以上

ここでも、まず、自分のコミュニケーション行動の傾向を知りましょう。そして、自分の答え以外の対応をされた場合、自分がどのように感じるか、想像してみましょう。

6. 時間の感覚のずれ

セルフチェック

1. あなたが授業をする場合、教室にはどのタイミングで入りますか。

a. 授業開始時間の3分前

b. 授業開始時間ちょうど

c. 授業開始時間の3分後

2. 友達のうちでの食事に招待されました。約束の時間を決めましたが、実際には何時ごろ行きますか。

a. 約束の時間より、30分以上前

b. 約束の時間より、少し前

c. 約束の時間ちょうど

d. 約束の時間より、少し後

e. 約束の時間の30分以上後

ここから分かるのは時間に対する常識です。常識は、決して文化に共通のものではありません。たとえば、食事の約束についていろいろな国の人に聞いてみると、「約束したのだから、その時間」、「約束の時間の前に行って準備を手伝うべき」、「準備を急がせてはいけないから、少し遅れていく」など、様々な意見が出ます。授業時間についても、中国の大学で働いているある教師によると、中国では多くの教師が授業開始時間前に教室にいるのが普通だそうです。日本では、授業開始時間ちょうどというのがよいとされているでしょうか。また、少し遅れて入るのが一般的なところもあるでしょう。

はっきりとした事実に見える時間、時計がそのまま表しているように見える時間。しかし、これも人によって、文化によって、とらえ方が異なっているのです。相手の行動が自分の期待した時間通りでない場合、いきなり否定的な感情を持つのではなく、いったん判断を保留し、なぜそうなのか、と考えてみるのが、誤解を回避する方法ではないでしょうか。また、自分の期待通りの時間感覚を相手が持っているとは限らないので、こちらの意向を説明する必要性も知っておいたほうがいいでしょう。

第七章

異文化コミュニケーションスキル

1. D. I. E. 判断保留

セルフチェック

作文の授業のとき、留学生の林さんはアドバイスをもらうために教壇にいる教師のところに来るのですが、30センチくらいまで近づきます。教師は居心地が悪いので身を離してしまいます。

あなたはこのような林さんの行動をどう解釈し、判断しますか。

1. 林さんは教師に特別な印象を与えようとしている
2. 林さんは礼儀をわきまえていない
3. 林さんの対人距離感覚はおかしい
4. 林さんの対人距離感覚が教師のそれと異なる
5. その他

自分がちょっと違和感を覚える状況に直面したとき、自分なりの解釈を行い、価値判断を下し、対応行動に出る、それは日常普通のことです。しかし、相手が文化背景の異なる人の場合は、すぐに価値判断を下すのではなく、価値判断を保留して、実際に何が起きたのか冷静に把握し、双方の立場からの解釈を試みる必要があります。価値判断を保留し、いろいろな解釈を試みるスキルは一朝一夕には身につきません。そこで、このスキルを習得するために開発されたのが、D.I.E.（Describe, Interpret, Evaluate）「事実描写・解釈・価値判断」分析法です。右の例を分析してみましょう。

価値判断	教師の解釈	事実描写	林の解釈	価値判断
	質問があるのだろう	林さんが教壇に来る	先生に質問したい	
	アドバイスしよう	教師に質問する	教えてほしい	
	なぜこんなに近づくのか	林さんは教師に30センチ近づく	しっかり学びたい	
	日本人の対人距離を知らない？ 特別な印象を与えたい？ 普通の行動をしている？	教師は身を離す	先生は私をあまり好きじゃない？ 作文の指導をしたくない？ 私は変なにおいがする？	

実際には林さんの解釈は林さんしか知りません。表では教師と林さんの解釈を複数試みましたが、一つの解釈に到達するには本人に質問してみるしかありません。しかし、それができない場合は、相手の文化に詳しい人に情報提供を求めるといいでしょう。そうすると、たとえば「中国人として普通の行動の範囲内であった」ということが判明するかもしれません。

この分析法の注意点は「事実の描写」が実は難しいということです。私達はなかなか客観的に事実を描写できないのです。価値判断を含む描写をしがちです。たとえば、「積極的に近づいた」とか「印象付けようとして近づいた」「近づきすぎた」などと言いがちです。さらに、解釈も思い込みやステレオタイプを使ってしまいがちです。そのようなミスに気付くために、表のような形を用いて一歩一歩意識的にかつ客観的に分析してみることで価値判断を保留し、何を学ばなければならないかを知ることができます。

ステップアップ

エクササイズ

　春休みの間に、母国に2週間ほど帰っていた留学生の馬さんは、新学期が始まると研究室に訪ねてきました。「国のお土産を持ってきました」とニコニコしながら、お茶、お菓子、スカーフ、その上万能薬までテーブルの上におきました。「この薬は母がぜひ先生にと特別に手に入れたものです」。山本先生は「こんなにたくさん、とてもいただけません。気持ちだけでいいんですよ」と言いましたが、馬さんは「ぜひ受け取ってください」と引かない。さらに「今学期は先生の授業、すごく頑張りますからよろしくお願いします」とまで言いました。先生はお土産を受け取れないと言いたくなりましたが、馬さんの気持ちを考えると断りきれず、しぶしぶ受け取りました。

このケースを分析してみましょう。

価値判断	山本先生の解釈	事実描写	馬さんの解釈	価値判断

中国ではお世話になる先生にお土産を持っていくのは一般的なことです。賄賂ではありません。「これから面倒をかけるかもしれませんが、よろしくお願いします」という意味ですから、「しっかり勉強の指導をしますから、あなたも分からないことがあったらどんどん聞いてください」などと対応すればいいでしょう。

2. アクティブ・リスニングとエポケー

セルフチェック

学生が次のように言いました。

金：「先生、宿題が難しくてできませんでした」

あなたが先生だったら、どのように対応しますか。あなたの言葉を書き出してみましょう。

「ちゃんと予習、復習をしていれば、決して難しすぎることはないはずです。しっかり勉強しなさい。」と言いたくなる人が多いのではないでしょうか。教師として適切な宿題を出しているはずですから、このような反応が出るのは当然です。でも、ちょっと待ってください。アドバイスをする前に、この学生はどのような点が難しかったのでしょう、もう少し相手の気持ち、抱えている問題を聞いてみる必要があります。

異文化コミュニケーションで大切なのはまず相手の話を聞くこと、傾聴することです。これを**アクティブ・リスニング**といいます。文化背景が異なると相手の言ったことを早とちりしたり、間違って解釈してしまう可能性がありますから、しっかり傾聴しましょう。

まず、傾聴するときに大切なことは、相手の目を見ながら、相手に注意を集中し、体で相手に心を開き、耳を傾けていることを示します。相手をろくに見ないで、生返事をしたら、相手はどのように感じるでしょうか。話を聞いてもらえると感じるでしょうか。

「はい、はい」とうなずくだけ、または「そうなの、そうなんだ」とあいづちを打つだけでは傾聴したことにはなりません。自文化に基づく判断を保留して傾聴し、自分はあなたの言ったことをこのように受け止めましたがこれでいいですかと伝えるコミュニケーションを**エポケー**（判断停止または判断保留）といいます。相手の言ったことをオウム返しにするのではなく、自分の言葉に言い換えて、返します。これを**パラフレーズ**といいます。パラフレーズを聞いて、相手は自分の伝えようとしたことと違う解釈をしていると思ったら、言い直すことによって訂正することができます。

このケースでは、「宿題が難しかったのですね」（感情のパラフレーズ）、「宿題ができなかったのですね」（内容のパラフレーズ）というように返してあげます。相手が異文化適応に苦しんでいる場合は、感情のパラフレーズは共感を表す方法として大変効果があります。また、内容のパラフレーズは相手のおかれた状況を正確に把握しようとしているという態度を伝えるのに効果的です。パラフレーズした後は、次節で紹介する「開かれた質問」や「掘り下げの質問」をして、さらに詳しく相手の事情や気持ちを聞いていきます。

相手の言ったことをいちいちパラフレーズする必要はありません。ここが大切なポイントだなと感じるところでパラフレーズを用います。やりすぎるとかえって逆効果ですから、注意して使いましょう。

ステップアップ　エクササイズ

あなたはどのように傾聴しますか。エポケーを用いてみましょう。

学生：「国の母の健康状態がよくないので、来週一時帰国したいです。来週は試験がありますからどうしたらよいか、困っています。レポートでいいですか」

あなたの言葉

●内容のパラフレーズ：

●感情のパラフレーズ：

ステップアップエクササイズ回答例

内容のパラフレーズ

お母様が病気なので来週帰国したいのですね。そのため試験が受けられないので、レポートを代わりに出せるかということですね。

感情のパラフレーズ

お母様の病気のことが大変心配なのですね。来週一時帰国したいので試験が受けられないことを心配しているのですね。代わりにレポートを出したいのですね。

3. 開かれた質問、掘り下げの質問

セルフチェック

相手の考えを聞くにはどちらの質問の方がいいでしょうか。

（1）　A　学生食堂はいいですか。
**　　　B　学生食堂についてどう思いますか。**

（2）　A　この教科書についてどう思いますか。
**　　　B　この教科書は分かりやすいですか。**

答えが「はい」か「いいえ」または、非常に限定された内容の場合の質問を「閉ざされた質問」と言います。閉ざされた質問は事実を探り出すのによく使われます。「あなたは今年の6月14日午後3時ごろどこにいましたか。」などといった、尋問がよい例です。それから「今、何時ですか」

のような質問も閉ざされた質問です。相手の考えていること、感じていること、希望などを聞くには適していません。本質的には、閉ざされた質問は、質問者の想定が正しいか正しくないかを探る目的でなされることがほとんどです。想定外の反応が返ってくるのが異文化コミュニケーションですから、閉ざされた質問では、異文化の人は自分の考えを自由に述べることができません。

質問者が本当に相手の考えや気持ちを聞きたいのであれば、開かれた質問を用いなければなりません。「開かれた質問」とは「どう思いますか」「どのように感じますか」「考えを聞かせてください」というような質問で相手が自由に自分の考えや感情を表現することができる質問です。

しかし、自由に発言する場を与えられても、あまり詳しく話せない人も多くいます。特に、日本人やタイ人のように遠慮したり、上下の人間関係を気にする文化背景の人にその傾向があるようです。そのような場合は、「掘り下げの質問」をして、詳しく考えを聞いていく必要があります。

教師が「この教科書についてどう思いますか」と質問したのに対して、学生が「いいと思います」と答えるのみで説明がない場合は、「どのような点がいいと思うのですか」、「どうしてそのような練習問題がいいと思うのですか」など掘り下げの質問をしていかないと大切な情報や意味が分かりません。掘り下げの質問は相手を困らせるためにするのではなく、相手の考えや気持ちを本当に理解したいという願いからなされます。

4. 要望を伝達する

セルフチェック

書き取りテストのとき、仲のいい学生同士で答えを教えあっています。そのつど注意しているのですが改まりません。あなたはどのように注意しますか。

まず傾聴をして、なぜそのような行為をするのか確認するのが先ですが、いつまでも傾聴しているだけでは、こちらの要望を伝えることができません。不都合がある場合、異文化コミュニケーションでは、相手に分かるようにこちらの要望を伝えなければなりません。常識が異なる人に伝えるわけですから、丁寧に言語化することが大切です。

そのときにポイントとなるのが、①事実描写、②感情を伝える、③具体的要望、④効果という4つの要素を効果的に組み込んで要望を伝えることです。

(1) 事実描写

まずは事実を共有することからスタートします。こちらが問題だと認識していても相手はそのように認識していない場合もあります。右のケースでは、教えあうことをカンニング、不正行為と認識していない可能性があります。それは、罰が科せられていないからか、先生はやさしいから大丈夫と思っているか、原因はいろいろあると思われます。

事実描写例

「書き取りテストのとき友達に答えを教えている人がいますね。私は何度もそのようなことをしてはいけないと注意しました。でも、改まっていません。」

（2）感情を伝える

事実をもっと身近な自分の問題として感じていることを伝えます。何が正しいとか間違っているとかいう議論をし出すと価値観の異なる者の間では延々と論じあうことになり、かえって問題をこじらせてしまう可能性があります。それよりは、問題が生じたことで自分はどのような気持ちになったか、困った、あせった、不安になった、イライラしたなどを伝えると相手はその気持ちを否定することはできませんし、無視することもできにくいものです。

このケースでは、学生達の中にはクラスでの書き取りテストで友達に教えるのは不正行為というほど大げさなものではないと認識している人がいます。そのような考え方をする文化もあります。でも、教師はそのように考えていません。教師の気持ちを伝えます。

「私が何度も注意しているのはそれは不正行為、カンニングだと思うからです。皆さんの習得度を知るために行っているのですから、カンニングをしてはテストをする意味がなくなり、私は大変困ります。皆さんを信頼できなくなるのは大変嫌なことです。」

（3）具体的要望

その上で、相手に求める行動の変化を具体的に述べます。態度の変化や考えの変化を求めるのではありません。態度の変化や考えの変化は時間がかかります。問題を短期間で解決しなければならないときは、行動の変化を求めた方が得策です。このケースでは、「まじめにやってください」というのが態度の変化を求める表現です。「まじめ」は文化によって内容が異なります。したがって、具体的な行動の変化を求めます。

「テストのときは絶対に答えを教えあわないでください。自分ひとりで答えてください。」

(4) 効果

さらに、その行動の変化でどのような効果があるのかも具体的に述べると、実行につながりやすいと言えます。このケースでは罰が科せられないから、カンニングが改まらなかったのかもしれません。

「今後、不正行為をする人のテストは0点にします。教えた人も教えてもらった人も0点です。」

言葉遣いは相手と自分との関係によっていろいろ変えることになりますが、これら4つの要素を含めて話すと、自分の要望を効果的に相手に伝えることができるようになります。

ステップアップ エクササイズ

あなたは、先週火曜日と今週月曜日、フィリピンからの留学生Aと駅で待ち合わせましたが、Aは先週は15分、今週は20分待ち合わせ時間に遅れてきました。その結果、予定していた電車に乗れず、スケジュールがめちゃくちゃになってしまいました。あなたはスケジュールを立て直したり、会うことになっていた先方に迷惑をかけたのではないかと大変心配しました。Aは全く反省している様子がありません。

事実描写、感情を伝える、具体的要望、効果の４つの要素をふまえてあなたの要望を伝達してください。

ステップアップエクササイズ回答例

（1）事実描写

「先週火曜日と今週月曜日にあなたと駅で待ち合わせしましたね。あなたは火曜日には15分、月曜日には20分遅れてきました。そのため、予定の電車に乗れず、スケジュールが狂ってしまいました。一応、なんとか対応できましたが、予定していたことができなくなりましたし、先方にも迷惑をかけてしまいました。」

（2）感情を伝える

「私は、あなたに何かあったのかと心配しました。電車の時刻表を見直してスケジュールを立て直さなければなりませんでしたので、困りました。先方の方もイライラなさったのではないかと不安でした。」

（3）具体的要望

「これからは、約束の時間を守ってください。10時といえば本当に10時です。10時15分でも、

20分でもありません。遅れないように、待ち合わせ場所に10分前に着いているくらいのつもりで、来てください。私はいつもそのような気持ちで出てきます。また、万一遅れる場合は必ず連絡をください。」

(4) 効果

「余裕を見て出れば、遅れることはまずありません。遅れなければ、スケジュールどおりに行動できますから快適ですし、先方にもよい印象を与えるでしょう。運がよければプラス・アルファのこともできるかもしれません。楽しく、達成感のある一日になるでしょう。」

おわりに

全編を通じて、文化相対主義的な立場に立ち、多文化共生を可能にするための様々なコミュニケーションスキルを紹介してきました。こうした知識やスキルは、必ずしも日本語教師だけに重要なものではないと思います。日本国内にも、多様性は存在します。異文化とか多様性というものは、もはや国や民族の違いだけでなく、性別、年代、コミュニティなどに起因するものまでを含むようになって久しいのが現状ではないでしょうか。

筆者たちは、日本語教師として国内外で日本語を教えてきて、様々なカルチャーショックを経験してきましたが、人生で一番大きなカルチャーショックだったと思うのは、日本語教師として教室で出会った学生でも、海外での経験でもなく、関西から関東へ出てきたときに感じたものでした。

ですから、本書の中に出てくる「日本人」や「中国人」や「イスラム教徒」というものが決して一括りにできないことは、自分の経験からも理解できます。しかし、コミュニケーションについて学び始めるときに、全てを個々の違いと捉えることが最適とは思えません。大切なのは、本書でも繰り返し述べているように、できるだけ知識や情報を収集した上で、どんな相手に対しても価値判断を保留してコミュニケーションをとる、ということです。

本書で学んだことがより深い自分への気づきにつながり、自文化への理解と他者への理解につながることを期待しています。そして、日本語教育だけではなく、文化背景の異なる人と一緒に「働く」「学ぶ」「生活する」という様々な場において、コミュニケーション能力を役立ててもらえることを願っています。

最後に、本書を執筆するに当たり、企画の段階から有益な助言をくださり、最後まで励ましてくださった三修社編集部の藤谷寿子氏、浅野未華氏、並びに、ユーモアあふれるマンガを描いてくださった小道迷子氏に心より感謝申し上げます。

平成二十二年九月　八代京子　世良時子

参考文献

第一章・第二章

「異文化コミュニケーション・ワークブック」（三修社）２００１年
著者／八代京子、荒木晶子、樋口容視子、山本志都、コミサロフ喜美

「異文化トレーニング改訂版」（三修社）２００９年
著者／八代京子、町恵理子、小池浩子、吉田友子

第三章

「異文化コミュニケーション・ワークブック」（三修社）２００１年
著者／八代京子、荒木晶子、樋口容視子、山本志都、コミサロフ喜美

「異文化トレーニング改訂版」（三修社）２００９年
著者／八代京子、町恵理子、小池浩子、吉田友子

Communication without words. Psychology Today,（監）
Hall, Edward.T. 1976 Beyond Culture. New York: Doubleday and Company 1968
著者／Mehrabian, Albert.

「日本語教育と話しことばの実態―あいづちの分析―」
「金田一春彦博士古稀記念論文集第二巻 言語学編」（三省堂）１９８４年
著者／水谷信子
「あいづち論」「日本語学」7巻13号、１９８８年
著者／水谷信子

第四章

Experiential Learning : Experience as the Source of Learning and Development,Prentice Hall, Inc. 2007
著者／Kolb, David A.
「交渉とミディエーション：協調的問題解決のためのコミュニケーション」（三修社）２００４年
著者／鈴木有香
「異文化コミュニケーション・ワークブック」（三修社）２００１年のためにマツモトが作成したものを引用
著者／八代京子、荒木晶子、樋口容視子、山本志都、コミサロフ喜美
「日本人の国際適応力」（本の友社）１９９９年
著者／マツモト・デイビッド
「エンパシー」「異文化コミュニケーション・ワークブック」p．１２７―１２８を著者の許可を得て引用
著者／山本志都

第五章

「異文化コミュニケーション・ワークブック」（三修社）２００1年
著者／八代京子、荒木晶子、樋口容視子、山本志都、コミサロフ喜美

「異文化トレーニング改訂版」（三修社）２００９年
著者／八代京子、町恵理子、小池浩子、吉田友子

「アメリカ人に気持ちを伝える英会話トレーニングーリアルな表現・人づきあいの心得」（三修社）２００６年
p.56— p.57を引用
著者／八巻ルリ子、マイケル・ヒル、ダニエル・バーンスタイン

第六章

「異文化コミュニケーション・ワークブック」（三修社）２００1年
著者／八代京子、荒木晶子、樋口容視子、山本志都、コミサロフ喜美

「異文化トレーニング改訂版」（三修社）２００９年
著者／八代京子、町恵理子、小池浩子、吉田友子

「身ぶりとしぐさの人類学」（中央公論新社）１９９６年
著者／野村雅一

The Hidden Dimension. New York: Doubleday and Company 1966
著者／Hall, Edward.T.

第七章

「異文化コミュニケーション・ワークブック」（三修社）２００１年 p．１３７－１４２
著者／八代京子、荒木晶子、樋口容視子、山本志都、コミサロフ喜美
「異文化トレーニング改訂版」（三修社）２００９年 p．２４９－２５５
著者／八代京子、町恵理子、小池浩子、吉田友子
「多様性対応コミュニケーション研修教材」（海外放送センター）２００２年
著者／八代京子、コミサロフ喜美、鈴木有香

異文化トレーニング ボーダレス社会を生きる ［改訂版］

八代京子／町惠理子／小池浩子／吉田友子 著

四六判／上製／336 頁
定価 3,045 円 (本体 2,900 円 + 税)
ISBN 978-4-384-01243-9 C0039
発行日 2009 年 11 月 20 日

生活習慣や価値観の違う人間同士がわかり合うのに必要な態度やスキルをやさしく解説。柔軟な思考と様々な文化を受け止められるセンスを養うトレーニング問題を多数収録し、また異文化と接触する際におきる様々なエピソードも随所に紹介。真の国際感覚を身につけるために最適の一冊。

異文化コミュニケーション・ワークブック

八代京子／荒木晶子／樋口容視子／
山本志都 ／コミサロフ喜美 著

A5 判／並製／ 184 頁
定価 2,940 円 (本体 2,800 円 + 税)
ISBN 978-4-384-01851-6 C0095
発行日 2001 年 9 月 20 日

文化背景の異なる人々とのコミュニケーションに必要とされる基礎的な態度と技術を養う格好の一冊。理論にとどまらず、異文化に対する「開かれた心」の必要性が実感できるよう具体的な練習を数多く収録。

三修社の関連書籍のご案内

多文化社会の人間関係力
実生活に生かす異文化コミュニケーションスキル

八代京子 ／山本喜久江 著

四六判／並製／ 160 頁
定価 1,890 円 (本体 1,800 円 + 税)
ISBN　978-4-384-04092-0 C0095
発行日 2006 年 8 月 30 日

二十一世紀は「多文化社会」だと言われています。具体的には、職場でも、学校でも、隣近所でも異なる文化背景を持っている人々と共に生活するということです。多文化社会は、日本だけに起きていることではなく、世界的規模で起きていることです。経済の効率化と相互依存、技術革新の驚異的な速度、平和を維持するための情報共有などが必然的に多文化社会をもたらしました。そんなこれからの多文化社会をより良い人間関係づくりで生き抜くための一冊。

交渉とミディエーション
協調的問題解決のためのコミュニケーション

八代京子 監修／鈴木有香 著

A5 判／並製／ 240 頁
定価 2,993 円 (本体 2,850 円 + 税)
ISBN　978-4-384-05235-0 C0095
発行日 2004 年 7 月 20 日

人間関係の悩み・もめ事を解消するコミュニケーションスキルを紹介。多様な価値観や行動様式が衝突することによって引き起こされる問題を、効率よく協調的に解決していく調整力を養い、「問題解決のスキル」を習得するための理論と実践的なノウハウを示しました。多文化状況のもとで日々問題解決に迫られている企業人におすすめの一冊。

プロフィール

八代　京子（やしろ　きょうこ）

国際基督教大学大学院博士後期課程単位取得退学。現在、麗澤大学名誉教授。異文化コミュニケーション学会シニアフェロー、同学会元会長（１９９５年～１９９９年）。専攻：英語教育、社会言語学、異文化コミュニケーション

主な著書：Beyond Boundaries（Pearson Longman ２００８年）、『多文化社会の人間関係力』（２００６年）、『異文化コミュニケーション・ワークブック』（２００１年）、『異文化トレーニング［改訂版］』（２００９年）以上三修社。その他多数。

世良　時子（せら　ときこ）

麗澤大学外国語学部日本語学科卒業。東京外国語大学大学院博士前期課程修了。麗澤大学、東京農工大学などの非常勤講師を経て、現在、成蹊大学全学教育講師。専攻：日本語教育、日本語学

主な著書：『日本語教育能力検定試験に合格するための用語集』（アルク ２０１０年）、『日本語教育教科書日本語教育能力検定試験完全攻略ガイド』（共著、翔泳社 ２００９年）、その他多数。

小道　迷子（こみち　めいこ）

山梨県生まれ。漫画家。

主な著書：『にゃんにゃん女子高校』『走れハナジロウ』（以上双葉社）、『風します？』『ポコあポコ』『ねこねこね』（以上小学館）、『小道迷子の中国語に夢中』『小道迷子の中国語発音しませんか』『小道迷子のことわざで中国語』『小道迷子の台湾ではじめよう、中国語』（以上三修社）、『チャンさん家の簡単台湾ベジごはん』（ソフトバンククリエイティブ）その他多数。

日本語教師のための
異文化理解とコミュニケーションスキル

2010年10月25日 第1刷発行
2022年10月25日 第5刷発行

著　　者　八代京子・世良時子
画　小道迷子
発行者　前田俊秀
発行所　株式会社 三修社
〒150-0001 東京都渋谷区神宮前2-2-22
電話 03-3405-4511
FAX 03-3405-4522
https://www.sanshusha.co.jp
振替 00190-9-72758
編集担当　藤谷寿子
編集協力　浅野未華
デザイン　イロアス　横山さおり
印刷・製本　壮光舎印刷株式会社

ISBN 978-4-384-05572-6 C2081